办公设备使用与维护

◎主　编：姜绍辉

外语教学与研究出版社
FOREIGN LANGUAGE TEACHING AND RESEARCH PRESS
北京 BEIJING

图书在版编目（CIP）数据

办公设备使用与维护 / 姜绍辉主编. — 北京 ：外语教学与研究出版社，2015.3（2016.1 重印）
ISBN 978-7-5135-5785-6

Ⅰ. ①办… Ⅱ. ①姜… Ⅲ. ①办公设备－使用方法－中等专业学校－教材②办公设备－维修－中等专业学校－教材 Ⅳ. ①C931.4

中国版本图书馆 CIP 数据核字（2015）第 065641 号

出 版 人　蔡剑峰
项目策划　吕志敏
责任编辑　王志艳
封面设计　孙莉明
版式设计　永诚天地
出版发行　外语教学与研究出版社
社　　址　北京市西三环北路 19 号（100089）
网　　址　http://www.fltrp.com
印　　刷　北京京华虎彩印刷有限公司
开　　本　787×1092　1/16
印　　张　13.5
版　　次　2015 年 8 月第 1 版 2016 年 1 月第 2 次印刷
书　　号　ISBN 978-7-5135-5785-6
定　　价　33.00 元

职业教育出版分社：
地　　址：北京市西三环北路 19 号 外研社大厦 职业教育出版分社 (100089)
咨询电话：010-88819475
传　　真：010-88819475
网　　址：http://vep.fltrp.com
电子信箱：vep@fltrp.com
购书电话：010-88819928/9929/9930（邮购部）
购书传真：010-88819428（邮购部）

购书咨询：（010）88819926　电子邮箱：club@fltrp.com
外研书店：https://waiyants.tmall.com
凡印刷、装订质量问题，请联系我社印制部
联系电话：（010）61207896　电子邮箱：zhijian@fltrp.com
凡侵权、盗版书籍线索，请联系我社法律事务部
举报电话：（010）88817519　电子邮箱：banquan@fltrp.com
法律顾问：立方律师事务所　刘旭东律师
　　　　　中咨律师事务所　殷　斌律师
物料号：257850001

"十二五"职业教育国家规划教材

职业院校"双证书"课题实验教材

《办公设备使用与维护》
教材编写组成员

主　编　姜绍辉（广东省佛山市顺德区陈登职业技术学校）

参　编　胡坤权、胡文辉、陈要求（广东省佛山市顺德区陈登职业技术学校）

吴佩莹（广东省佛山市顺德区郑敬诒职业技术学校）

王国平（广东省清远市工贸职业技术学校）

出版说明

实行“双证书”制度，是党中央、国务院适应社会主义市场经济要求，推动职业教育、职业培训改革的重要举措。早在1993年，中共中央在《关于建立社会主义市场经济体制若干问题的决定》中就提出：“要制定各种职业的资格标准和录用标准，实行学历文凭和职业资格两种证书制度”。从那时起，“双证书”制度历经了制度确立、探索试点、积极推进三个发展阶段。2014年，《国务院关于加快发展现代职业教育的决定》（国发〔2014〕19号）指出：“服务经济社会发展和人的全面发展，推动专业设置与产业需求对接，课程内容与职业标准对接，教学过程与生产过程对接，毕业证书与职业资格证书对接，职业教育与终身学习对接。重点提高青年就业能力”“推进人才培养模式创新……积极推进学历证书和职业资格证书‘双证书’制度”。

近年来，国家有关部门为促进就业和提高劳动者素质，对职业院校实施“双证书”制度做出了许多政策安排，“双证书”制度在广大职业院校得到有效推行，学历证书、职业资格证书成为毕业生就业的“敲门砖”和“通行证”。但是，我们也发现，职业院校学历认证和职业资格认证还没有从根本上实现贯通，存在着各行其道、“两张皮”的普遍现象，缺乏连接两者的桥梁和纽带。其中，融合“双证书”的课程与教材建设滞后是关键原因。

为了探索解决这个长期困扰中国职业教育界的难题，人力资源和社会保障部职业技能鉴定中心部级课题《职业技能教学用书开发技术规范和评价体系研究》课题组（项目编号：RS2013-16，以下简称“课题组”）在“双证书”课程资源建设开发方面做了积极研究和有益尝试。课题组认为：“双证书”课程是指实现国家职业技能标准和专业教学标准对接，职业技能鉴定与专业课程学习考核对接的课程，它是使学生在不延长学习时间的情况下，同时获得学历证书和职业资格证书的学校正规课程。加强对“双证书”课程教材开发的研究，对于探索从课程层面做到“双证结合”，引导学校用好现有职业技能鉴定政策，推动学生职业技能和就业竞争力提升，具有十分重要的意义。开发职业技能鉴定与学校课程考试“两考合一”的“双证书”教材，可以形成“双证书”政策落地的基础性教学资源，能够解决推行“双证书”制度、实施“两考合一”的“最后一公里”问题。

为了在教材层面上做到专业教学标准与国家职业技能标准的内容对接，课题组通过研究，编制了《中等职业学校“双证书”课程教材开发技术规范》，主要技术要点如下：一是以专业教学标准为依据，细化“双证书”培养目标；二是以国家职业技能标准为依据，确定“双证书”课程；三是根据双证结合的理念，编制“双证书”课程实施规范；四是结合职场工作实际，开发“双证书”综合实训课程；五是积极改革教学模式，建设“双证书”课程标准；六是根据职教特色，组织编写“双证书”教材；七是做好试题开发组织工作和考务服务，为“两考合一”做好技术保障。这一技术规范为实现教学内容与职业技能标准“双覆盖”、教学过程与岗位要求“双对照”、课程考试与技能鉴定“双结合”的职业院校教材开发目标提供了一个技术指引。

外语教学与研究出版社作为课题参与单位，自2014年开始，陆续开发了中等职业学校机械制造技术、机械加工技术、机电技术应用、机电设备安装与维修、焊接技术应用、汽车制造与检修、汽车运用与维修、电子与信息技术、文秘等九个专业“双证书”课题实验教材。

“双证书”课题实验教材的开发采取专业负责人制，每个专业由一名资深专家对教材建设目标、内容选择与组织进行总体把关，然后指导各册主编分头编写，最后由本专业教学专家、职业技能鉴定专家、企业专家、课程开发专家组成的编审委员会共同审定，确保教材开发符合课题组编制的《中等职业学校“双证书”课程教材开发技术规范》，对接“四新”（新知识、新技能、新产品、新工艺），做到不遗漏知识点、技能点、态度点。

职业院校“双证书”课题实验教材的开发编写遵循了教育部颁布的《中等职业学校专业教学标准（试行）》规定的课程名称、“主要教学内容和要求”，并在教材中融入了相应的五级、四级国家职业技能标准的要求，有助于学生学习掌握职业技能鉴定所要求的相关知识和必备技能，并获取相应等级的职业资格证书。“双证书”实验教材为推动职业院校实施“双证书”制度提供了必要的教学资源支持。

“双证书”课题实验教材的开发，是一个新的探索，欢迎广大中等职业学校和职业高中积极试用，并提出宝贵意见，我们将进一步改进和完善。

职业教育是使“无业者有业，有业者乐业”的伟大事业。让我们携起手来，为建设现代职业教育体系和构建终身职业培训体系尽自己一份绵薄之力。

人力资源和社会保障部职业技能鉴定中心

《职业技能教学用书开发技术规范和评价体系研究》课题组

2015年6月23日

前　言

现代社会是一个信息化的社会，计算机和网络的应用涵盖了各个领域，打印机、复印机、传真机、扫描仪、投影仪、数码相机、数码摄像机等现代办公设备得到越来越广泛的应用和普及。掌握现代办公设备的使用与维护已成为办公室文员秘书必备的技能。

本教材的编写基于“双证融通”的理念，即促进职业资格证书与学历证书之间相互融通与衔接，以满足学生就业岗位对职业能力和职业素养的要求。从教学内容上来讲，本教材既符合中职文秘专业教学标准，又兼顾秘书国家职业标准的要求；从教学环节上来讲，本教材将理论教学与职业技能鉴定的“应知”相融合，将实践教学与职业技能鉴定的“应会”相一致。

本教材根据中职学生的兴趣特点，充分体现任务驱动、项目导向的教学理念。以实例演示为教法，以模块教学为架构，通过“操作实录”的方式将常用的办公设备的使用与维护过程“全程”展现出来，帮助学生熟练掌握各种常用办公设备的使用与维护的方法和技巧，达到“所学即所用、即学即用”的目的。

本教材内容选择新颖、实用，深入浅出，融“教、学、做”一体。语言通俗易懂，图文并茂，版式新颖，便于激发学生的学习兴趣。

全书共分为十个项目：打印机的使用与维护、复印机的使用与维护、传真机的使用与维护、扫描仪的使用与维护、一体机的使用与维护、投影仪及无线演示器的使用与维护、碎纸机的使用与维护、刻录机的使用与维护、数码相机的使用与维护、数码摄像机的使用与维护。每个模块均由若干个具体的任务组成，每个任务中根据知识点设计了若干个不同的情景，循序渐进地讲解办公设备的操作和维护。

本教材由广东省佛山市顺德区陈登职业技术学校姜绍辉老师担任主编，广东省佛山市顺德区陈登职业技术学校胡坤权、胡文辉、陈要求，广东省佛山市顺德区郑敬诒职业技术学校吴佩莹，广东省清远市工贸职业技术学校王国平等老师共同编写。

由于编者的水平有限，错误之处在所难免，恳请读者批评指正。

编者

2014 年 10 月

附:

学时建议表

模块	任务及学时数		小计
模块一 打印机的使用与维护	任务一	6学时	14学时
	任务二	4学时	
	任务三	4学时	
模块二 复印机的使用与维护	任务一	4学时	6学时
	任务二	2学时	
模块三 传真机的使用与维护	任务一	1学时	4学时
	任务二	1学时	
	任务三	2学时	
模块四 扫描仪的使用与维护	任务一	2学时	5学时
	任务二	2学时	
	任务三	1学时	
模块五 一体机的使用与维护	任务一	2学时	10学时
	任务二	2学时	
	任务三	2学时	
	任务四	2学时	
	任务五	2学时	
模块六 投影仪及无线演示器的使用与维护	任务一	1学时	5学时
	任务二	2学时	
	任务三	1学时	
	任务四	1学时	
模块七 碎纸机的使用与维护	任务一	1学时	2学时
	任务二	1学时	
模块八 刻录机的使用与维护	任务一	3学时	4学时
	任务二	1学时	
模块九 数码相机的使用与维护	任务一	6学时	12学时
	任务二	4学时	
	任务三	2学时	
模块十 数码摄像机的使用与维护	任务一	6学时	10学时
	任务二	2学时	
	任务三	2学时	
合　计			72学时

目　录

模块一 Module 1 打印机的使用与维护

打印机是计算机的外部输出设备之一，可以将计算机中经过编辑和校对后的文件、数据、图片、信息等以黑色或彩色打印到各种载体（普通打印纸张、胶片、相纸等）上，以供保存和交流。在日常办公室中，打印机的使用非常频繁，打印会议文件、各种档案资料等都需要用到打印机。掌握打印机的使用与维护是每名办公人员必须掌握的技能。本模块主要介绍打印机的使用与维护。

任务一 用打印机打印文档

Task 1

训练目标

1. 能熟练打印 Word 文档。
2. 能熟练打印 Excel 文档。
3. 能熟练打印 PPT 文档。

任务情境 1

刚刚中职毕业的小李，成功应聘到智达贸易有限公司做办公室文员兼秘书。该公司是一家中型企业，主要经营家具的设计、加工、制作及对外出口业务。一天，经理安排小李将上午的会议纪要打印出来，要求她用 A4 纸，打印 3 份，正反面打印。公司的打印机型号是 HP P2055d 激光打印机，小李应该如何完成打印任务？

操作步骤

步骤1　启动打印机。

按下打印机右下角的电源，启动打印机，如图 1-1 所示。

步骤2　放入纸张。

在打印机放纸抽屉内放置 A4 纸，并用手按紧，如图 1-2 所示。

图1-1　启动打印机

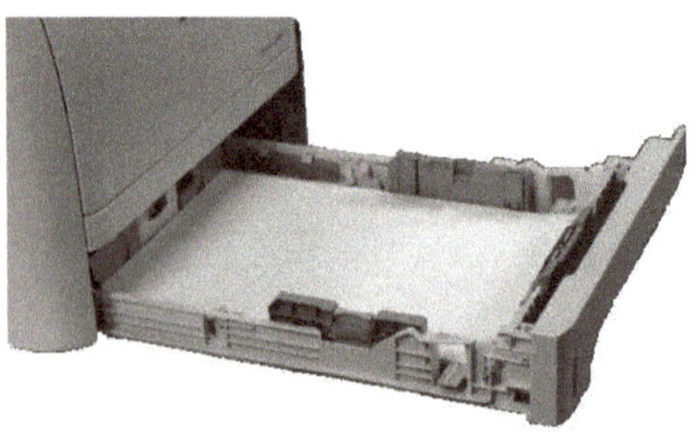

图1-2　放入纸张

步骤3　选择打印选项。

打开需打印的 Word 文档，然后选择“文件”→“打印”命令，如图 1-3 所示。

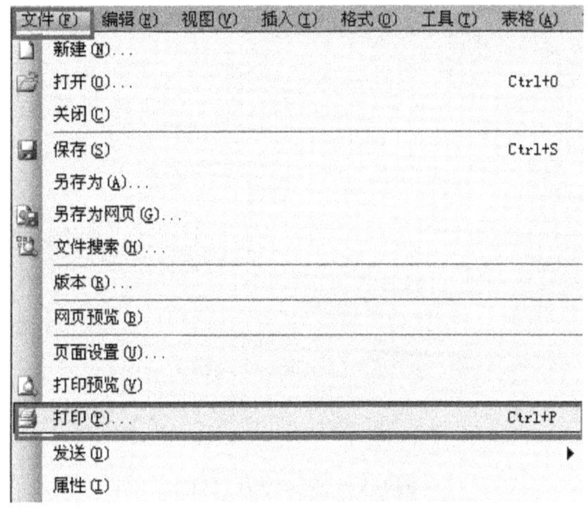

图1-3　选择打印选项

步骤4　选择页面范围和份数。

选择合适的打印机，然后在“页面范围”选项区域内选择“全部”，“份数”数值框处选择“3”，如图 1-4 所示。

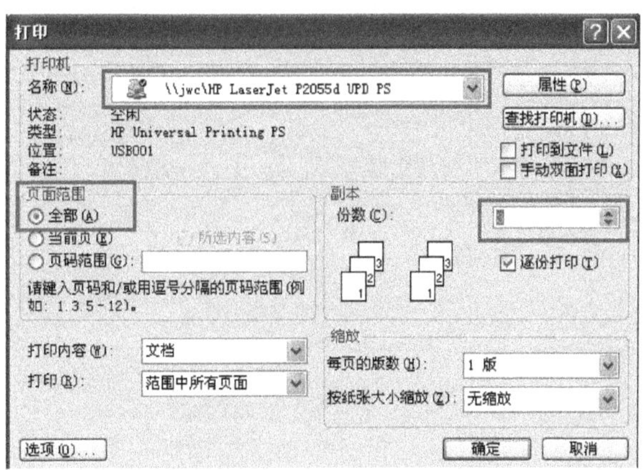

图1-4　选择页面范围和份数

如果打印文档的全部页面，则在“页面范围”选项区域中选择“全部”。

如果打印文档当前的一张页面，则在“页面范围”选项区域中选择“当前页”。

如果打印文档其中的几页，则在“页面范围”选项区域中的“页码范围”文本框中，输入要打印的文档的页码。例如，需打印第 7、8、9、20 ~ 30 页，则在“页码范围”文本框中，输入“7，8，9，20-30”。

如果只打印所选的页面中的部分内容，则需要先选中要打印的内容，在“页面范围”选项区域中选择“所选的内容”，如图 1-5 所示。

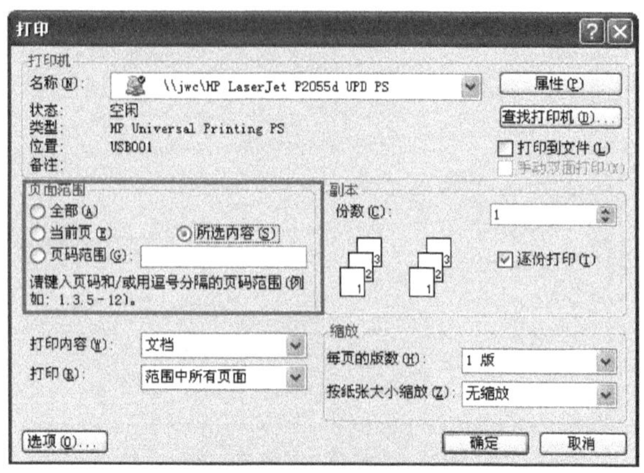

图1-5　选择打印页面

如果在一页纸上打印多版文字，如在一页纸上打印 4 版文字，则在“缩放”选项区域中的“每页的版数”下拉列表框中选择“4 版”选项，如图 1-6 所示。

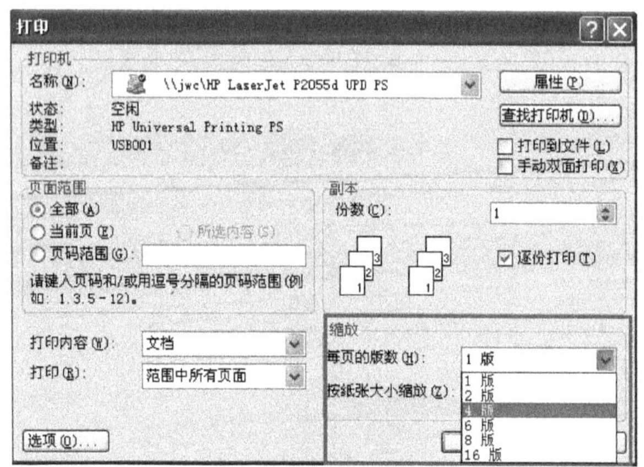

图1-6　选择每页的版数

步骤5　选择双面打印。

在“打印”对话框中单击“属性”按钮，进入打印机属性设置，如图 1-7 所示。

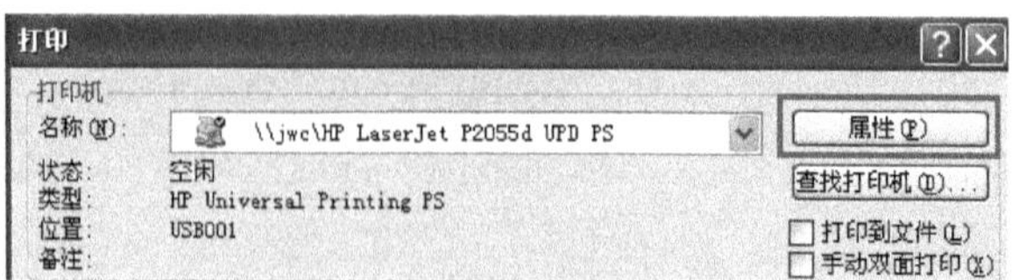

图1-7　选择打印机属性设置

在“双面打印”下拉列表框中，如果选“否”选项，则为单面打印；如果选“是，翻转”选项，则为“双面打印，左右翻”；如果选“是，向上翻”选项，则为“双面打印，上下翻”，如图 1-8 所示。

纸张尺寸：　210 × 297 毫米
A4
纸张来源：
自动选择
每张打印页数：
每张打印 1 页
双面打印：
否
否
是，翻转
是，向上翻
方向：
纵向

图1-8　选择双面打印

步骤6　打印文档。

设定完毕后，单击“确定”按钮进行打印，如图 1-9 所示。

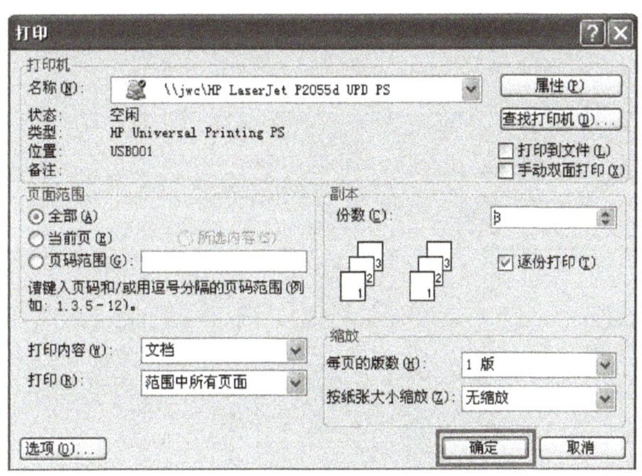

图1-9　按“确定”按钮后进行打印

任务情境 2

智达贸易有限公司很重视员工培训，并将培训成绩作为员工加薪和职称提升的依据。一天，公司经理安排小李将近期机械电气培训班员工的培训成绩统计表打印出来存档。统计表为 Excel 文档，要求打印时用 B5 纸。由于培训班的员工较多，如果打印在一整页上，字体会很小，所以经理要求小李将文档打印时分为横向 1 页，竖向 3 页，单面打印，打印 2 份。公司的打印机型号是 HP P2055d 激光打印机，小李应该如何完成打印任务？

操作步骤

步骤1　启动打印机。

按下打印机的右下角的电源，启动打印机，如图 1-10 所示。

步骤2　放入纸张。

在打印机手动进纸仓托架上放置不少于 6 张 B5 纸，并调整托架夹紧，如图 1-11 所示。

图1-10　启动打印机

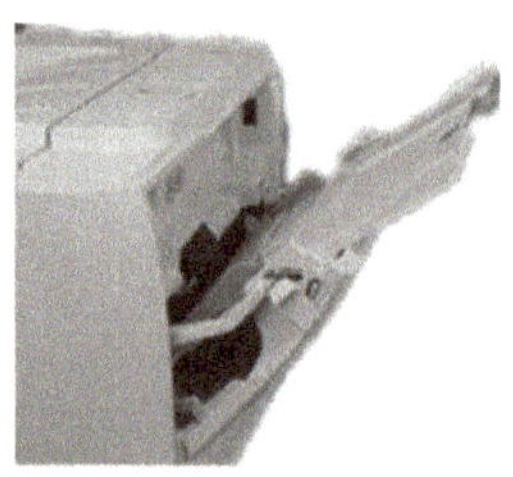

图1-11　放入纸张

步骤3　选择打印区域。

打开需打印的 Excel 文档，从左上角到右下角拖动鼠标选择要打印的区域，如图 1-12 所示。

	A	B	C	D	E	F	G	H	I	J	K
1	序号	学号	班级	姓名	平时	期中	期末	总评	绩点	学分	成绩状态
2	1	1104102	机电111班		95		95	95	4	2	
3	2	1104103	机电111班		90		75	81	3	2	
4	3	1104104	机电111班		98		98	98	4	2	
5	4	1104105	机电111班		98		70	81	3	2	
6	5	1104106	机电111班		70		66	68	1	2	
7	6	1104108	机电111班		98		76	85	3	2	
8	7	1104110	机电111班		98		98	98	4	2	
9	8	1104111	机电111班		98		70	81	3	2	
10	9	1104112	机电111班		70		85	79	2	2	
11	10	1104113	机电111班		85		81	83	3	2	
12	11	1104114	机电111班		95		80	86	3	2	
13	12	1104115	机电111班		95		98	97	4	2	
14	13	1104117	机电111班		98		86	91	4	2	
15	14	1104118	机电111班		95		70	80	3	2	
16	15	1104120	机电111班		95		78	85	3	2	
17	16	1104121	机电111班		60		69	65	1	2	
18	17	1104122	机电111班		90		72	79	2	2	
19	18	1104123	机电111班		60		74	68	1	2	
20	19	1104124	机电111班		60		74	68	1	2	
21	20	1104125	机电111班		60		68	65	1	2	
22	21	1104126	机电111班		60		64	62	1	2	
23	22	1104129	机电111班		60		64	62	1	2	
24	23	1104130	机电111班		60		67	64	1	2	
25	24	1104131	机电111班		60		61	61	1	2	
26	25	1104132	机电111班		60		66	64	1	2	
27	26	1104134	机电111班		60		96	82	3	2	

图1-12　选择Excel文档的打印区域

步骤4　设置打印区域。

选择“文件”→“打印区域”→“设置打印区域”命令，将选中的内容作为打印区域，如图 1-13 所示。

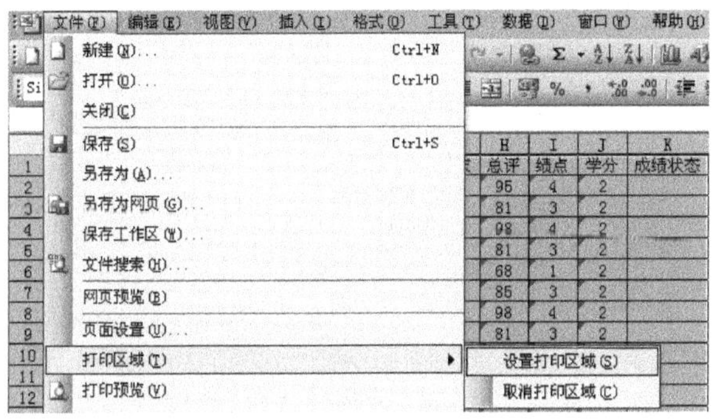

图1-13　设置打印区域

步骤5　选择页面方向。

确定页面是“纵向”还是“横向”，此处选“纵向”，如图 1-14 所示。

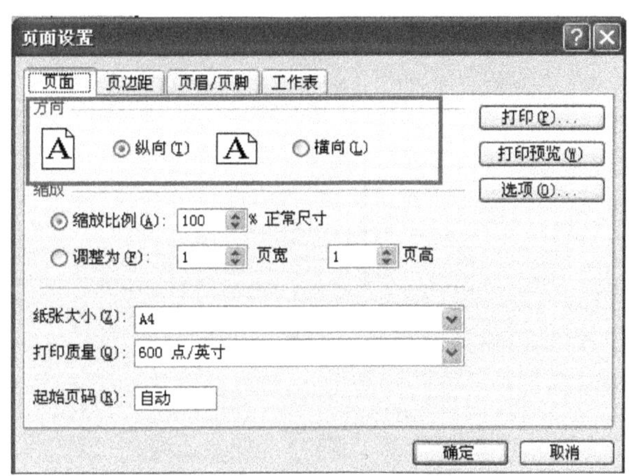

图1-14　设置打印时的页面方向

步骤6　确定文档打印到横向和竖向的页面数量。

文档打印成横向 1 页，竖向 3 页，则在“调整为”选项中，在“页宽”数值框中选择“1”，“页高”数值框中选择“3”，如图 1-15 所示。

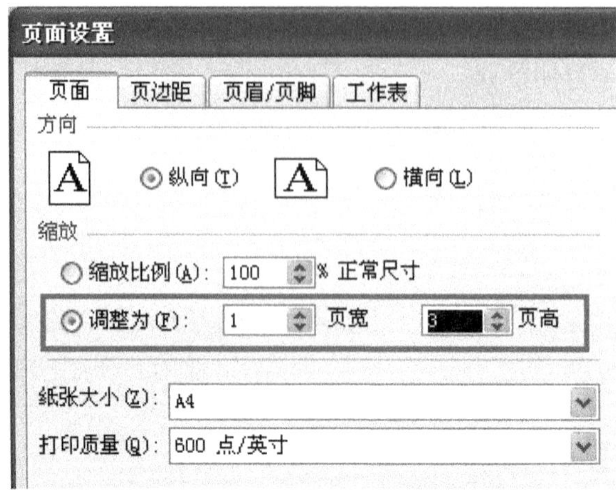

图1-15　设置打印时的页面数量

步骤7　确定文档在打印页中距页面上下左右边缘的距离及居中方式。

如果没有特殊要求，“上”、“下”、“左”、“右”、“页眉”、“页脚”一般取默认值即可，如图 1-16 所示。

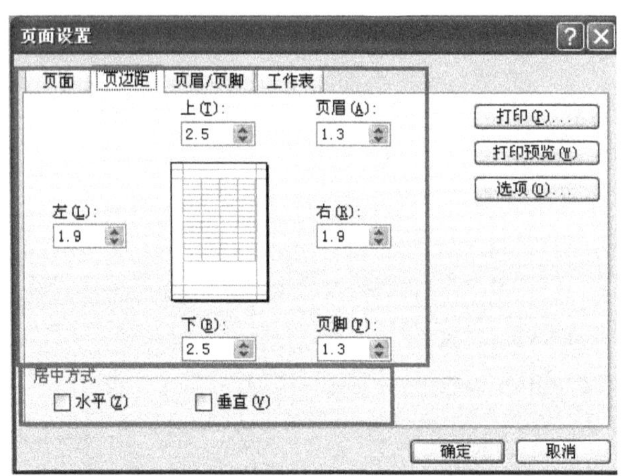

图1-16　设置文档在页面中的位置

步骤8　打印预览。

选择“文件”→“打印预览”命令，查看打印后的效果，如图 1-17 所示。

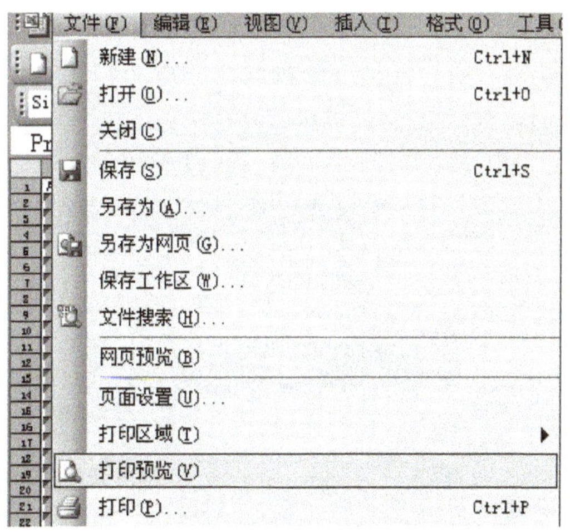

图1-17　进行打印预览

步骤9　打印文档。

确定无误后，单击“打印”按钮，实际打印 Excel 文档。

任务情境 3

一天，一个公司发了一份PPT宣传资料给智达公司，经理安排小李将PPT打印出来，要求小李用A4纸，每页打印6张PPT，正反打印，打印1份，只打印PPT中的文字。公司的打印机型号是HP P2055d激光打印机，小李应该如何完成打印任务？

操作步骤

步骤1　启动打印机。

按下打印机的右下角的电源，启动打印机，如图 1-18 所示。

步骤2　放置纸张。

在打印机放纸抽屉内放置 A4 纸，如图 1-19 所示。

图1-18　启动打印机

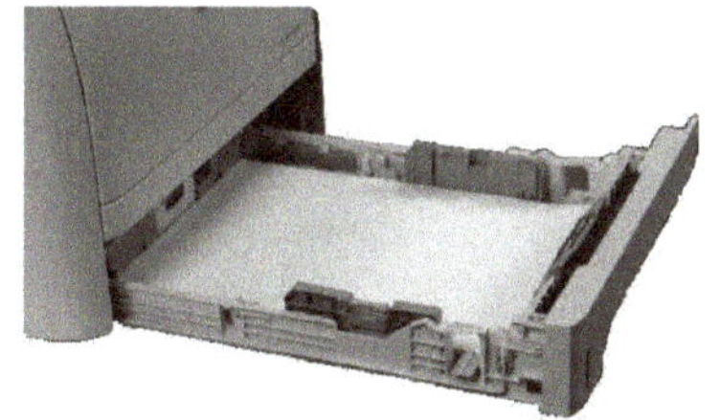

图1-19　放入纸张

步骤3　选择打印机。

打开需打印的PPT文档，然后选择“文件”→“打印”命令，在“名称”下拉列表框中选择合适的打印机，如图1-20所示。

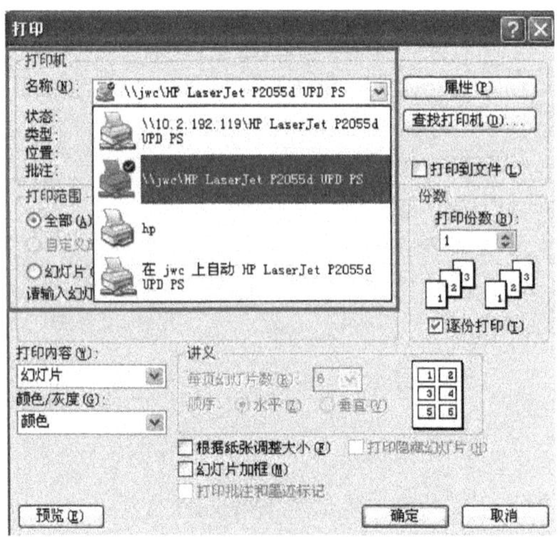

图1-20　选择打印机

步骤4　选择打印范围。

选择需打印的页面，在“打印范围”选项区域中选“全部”，如图1-21所示。

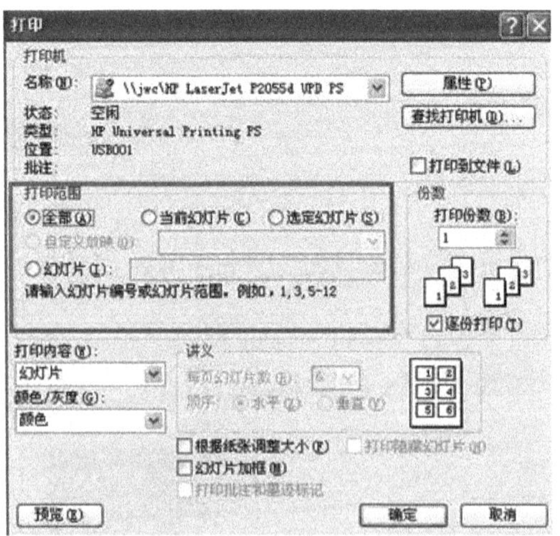

图1-21　选择打印范围

如果打印文档的全部页面，则在“打印范围”选项区域中选择“全部”。

如果打印文档当前的一张页面，则在“打印范围”选项区域中选择“当前幻灯片”。

如果打印其中的几张幻灯片，则在“打印范围”选项区域中的“幻灯片”文本框中，输入要打印的幻灯片的页码。例如，要打印第 7、8、9、20 ~ 30 页，则在“幻灯片”的文本框中，输入“7，8，9，20-30”。

步骤5　选择打印到每页纸上的幻灯片数量。

如果一页纸上只打印一张 PPT，则在“打印内容”下拉列表框中直接选择“幻灯片”选项即可，如图 1-22 所示。

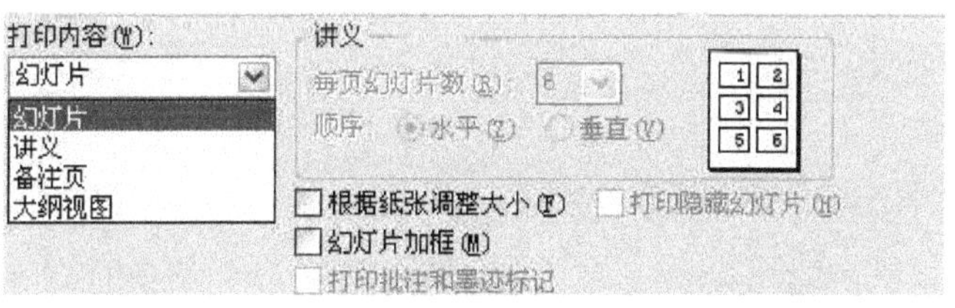

图1-22　选择打印内容

如果一页纸上打印多张 PPT，如在一页纸上打印 6 张 PPT，则在“打印内容”下拉列表框中选择“讲义”选项，然后在“每页幻灯片数”数值框中选择“6”，如图 1-23 所示。

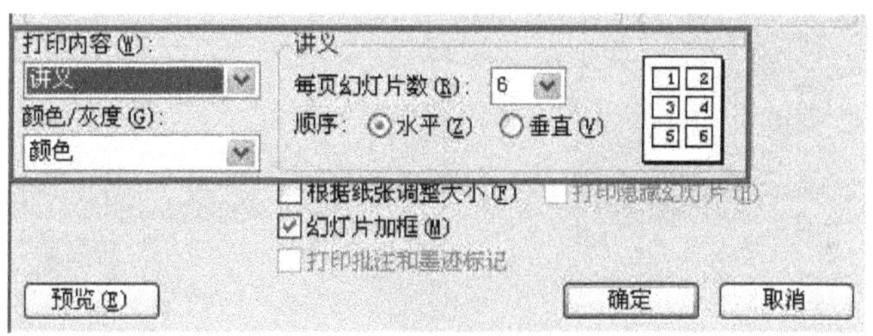

图1-23　选择每页纸打印6张PPT

步骤6　选择打印颜色。

如果不需要打印 PPT 里的背景、图片等信息，则可以在“颜色 / 灰度”下拉列表框中，选择“纯黑白”选项，如图 1-24 所示。

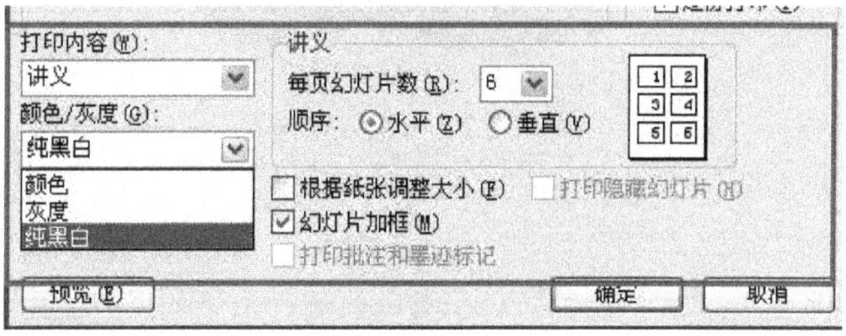

图1-24　“颜色/灰度”栏中，选择“纯黑白”

如果用彩色打印，则在“颜色 / 灰度”下拉列表框中，选择“颜色”选项。

如果用灰度打印，则在“颜色 / 灰度”下拉列表框中，选择“灰度”选项。选择灰度打印，不打印彩色，PPT 中的彩色图片等都变成了灰白色，可以节省墨水。

步骤7　预览效果后，进行打印。

单击“预览”按钮，查看打印效果。如果无误的话，直接单击“打印”按钮，进行实际的打印。

拓展阅读

一、认识打印机

打印机是计算机的输出设备之一，用于将计算机处理结果打印在相关介质上。衡量打印机好坏的指标有三项：打印分辨率、打印速度和噪声。 打印机的种类很多，常用打印机有三种：激光打印机、喷墨打印机、墨仓式打印机，如图 1-25，1-26，1-27 所示。

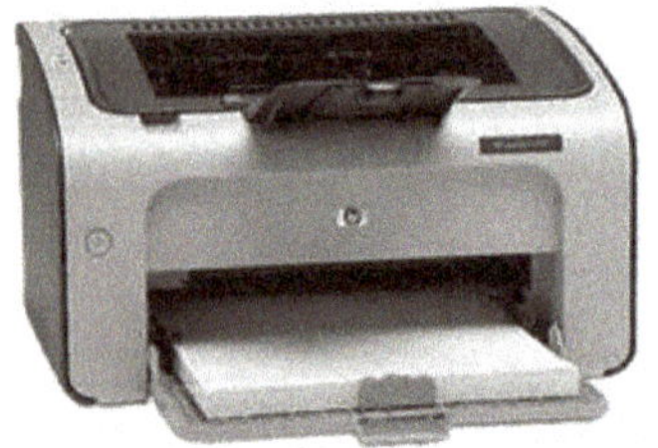

图1-25　激光打印机

图1-26　喷墨打印机

图1-27　墨仓式打印机

二、如何取消打印

方法一　如果在文档正在打印的过程中需要取消打印任务，则直接单击打印任务窗口中的“暂停”按钮即可取消打印任务；也可以通过点击 Windows 任务栏右下角的 （打印机图标）打开打印任务窗口，然后单击“暂停打印”暂停打印任务，如图 1-28，1-29 所示。

图1-28 单击打印机图标

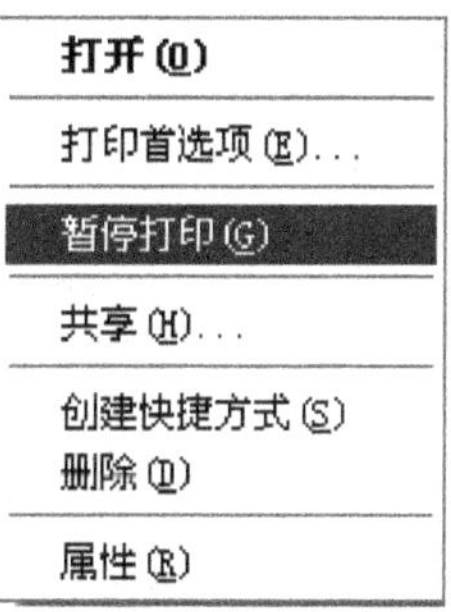

图1-29 暂停打印

方法二 打开“控制面板”，依次进入“硬件和声音”→“设备和打印机”，右击“本地打印机”图标，从弹出的菜单中选择“查看现在正在打印什么”命令，如图 1-30 所示。

在弹出的窗口中右击欲取消的打印任务，从弹出的菜单中选择“取消”命令即可取消打印任务，如图 1-31 所示。

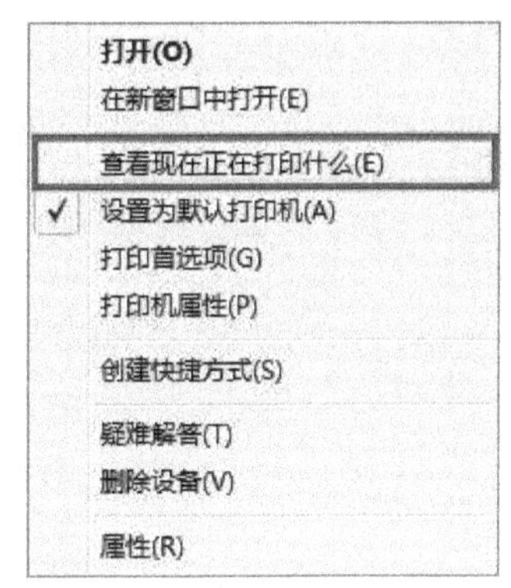

图1-30 查看正在打印的任务

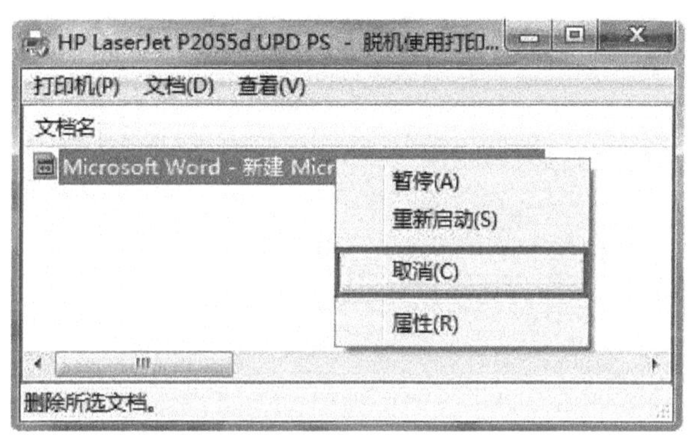

图1-31 选择“取消”命令

方法三 如果通过上面的方法还是无法取消打印任务，则采用切断打印机电源的方法，强行消除计算机打印缓冲区，以取消打印任务。

方法四 在打印机重新开机后，打印任务仍然无法取消时，就需要通过重启打印服务来解决。具体方法：右击“我的电脑”，依次选择“计算机管理”→“服务和应用程序”→“服务”命令，找到 Print Spooler，先禁用，随后再启用。通过这个方法可以解决大部分打印任务无法取消的问题，如图 1-32 所示。

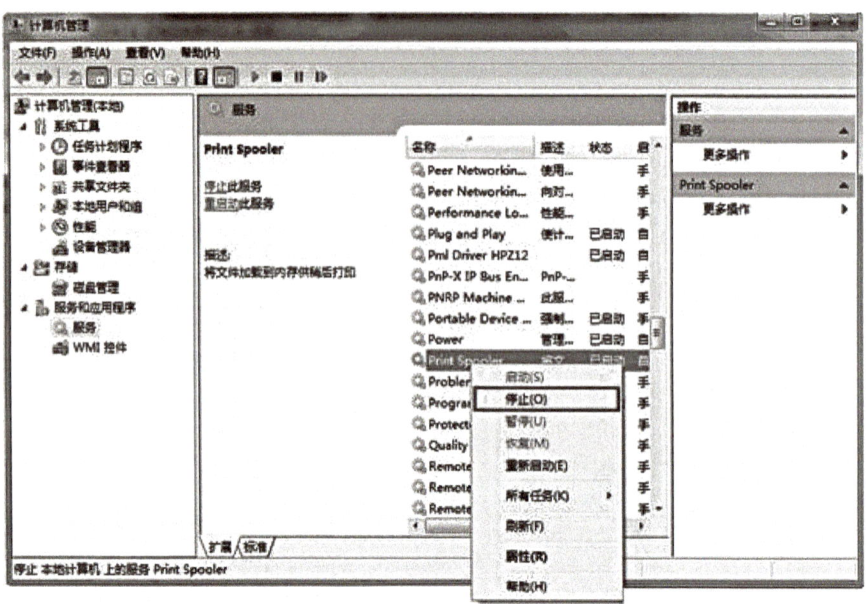

图1-32 重启打印任务

巩固训练

一天，总经理安排小李打印一份会议资料，共有 8 页 Word 文档，要求小李将这 8 页 Word 文档打印到一张 A4 纸上，黑白正反双面打印，每面 4 页，以便于携带。请根据自己掌握的技能，完成打印。

职业技能鉴定指导

一、知识技能复习要点

1. 了解常用打印机的类型。
2. 掌握打印 Word 文档的方法和技巧。
3. 掌握打印 Excel 文档的方法和技巧。
4. 掌握打印 PPT 文档的方法和技巧。
5. 掌握取消打印机打印的方法和技巧。

二、模拟训练

（一）填空

1. 常用打印机一般分为 __________、__________、__________ 三种类型。
2. 衡量打印机好坏的指标有：__________、__________、__________ 三项。
3. 常见的打印机品牌有（列举四种）__________、__________、__________、__________。

（二）选择

1. 打印文档时，首先确定（　）。

A．打印机正确连接　　B．打印机是否有纸　　C．打印机是否有墨

2. 打印 Word 文档时，A3 幅面的内容能否缩放到 A4 纸上？（　）

A．能　　B．不能　　C．不能确定

3. 打印 Excel 文档时，先要进行（　）设置。

A．页面　　B．打印区域　　C．属性

三、技能实训

小张是广州日隆贸易有限公司总经理的秘书，由于要向客户介绍公司某一产品，需编辑一篇图文并茂的文档，便于直观地向客户推销产品。请利用 Word 软件编辑文档，并用公司的打印机 HP P2055d 打印。

任务评价

任务实施评价表

评价项目	评价关键点	配分	自评分	互评分	教师评分
启动打印机	打开打印机电源	5			
	等待打印机启动后预热	5			
	放置纸张	5			
使用打印机	选择打印机	10			
	设置页面范围	10			
	选择打印份数	10			
	设置每页的版数	10			
	设置纸张的尺寸	10			
	设置单面还是双面打印	10			
	设置纸张的方向	10			
关闭打印机	打印完毕后整理打印稿	5			
	打印完毕后关机	5			
	收纳打印机的线缆	5			
总　分		100			

任务二 更换墨盒和硒鼓

训练目标

1. 能熟练更换喷墨打印机的墨盒。
2. 能熟练更换激光打印机的硒鼓。

任务情境 1

小王是宏运物流有限公司的办公室文员。一天，经理安排小王打印一份会议材料，打印时，小王发现打印出来的文档，前几页正常，但后面几页越来越模糊，到最后，打印出来的文档都是空白的。于是她判断，她用的这台喷墨打印机的墨盒没有墨水了，需要更换墨盒，公司打印机的型号是HP Deskjet 2020hc，小王应该如何操作？

操作步骤

步骤1　打开电源，启动打印机，如图1-32所示。

如果在打开墨盒仓门更换墨盒时，关闭打印机电源，便无法从打印机中取出墨盒。如果在墨盒托架没有完全停止时就取出墨盒，则有可能损坏打印机。

步骤2　打开墨盒仓门，如图1-33所示。

图1-32　打开电源

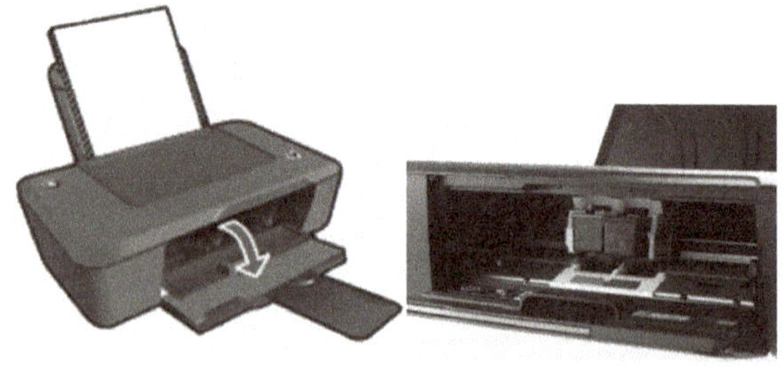

图1-33　打开墨盒仓门

步骤3　取出墨盒，如图1-34所示。

打开打印机外壳掀板，等待托架移动到打印机的中间位置（墨盒自动滑动到中央），等待墨盒笔架完全停止，然后向下轻按墨盒，将其从插槽中释放。从左侧插槽中取出墨盒，

可更换三色墨盒；从右侧插槽中取出墨盒，可更换黑色墨盒。

步骤4 撕下新墨盒的胶带，如图1-35所示。

在撕的过程中不要接触铜质触点或墨水喷嘴，触碰这些部件会导致墨水喷嘴阻塞、不喷墨及电路接触不良；也不要将胶带重新贴到墨盒上。

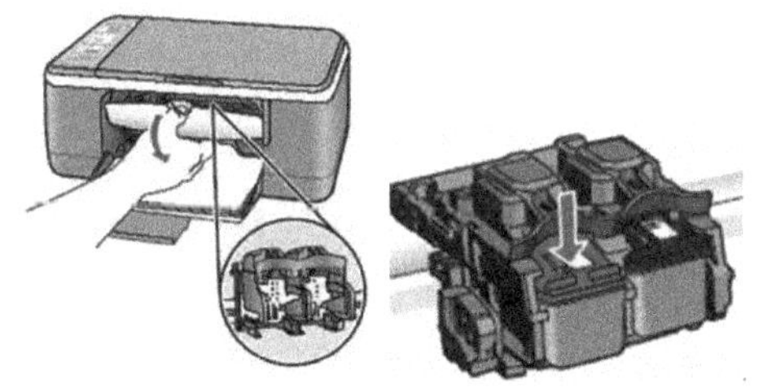

图1-34 取出墨盒

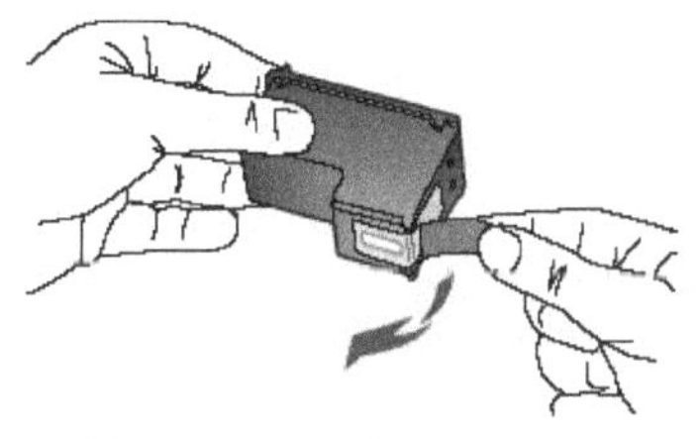

图1-35 撕下新墨盒的胶带

步骤5 将墨盒插入打印机插槽，如图1-36所示。

捏住墨盒，使惠普徽标朝上。将三色墨盒插入左侧墨盒插槽，将黑色墨盒插入右侧墨盒插槽。

步骤6 用力推动墨盒，使墨盒紧密插入插槽，如图1-37所示。

图1-36 插入墨盒

图1-37 用力向里推动墨盒

步骤7 检查墨盒是否安装正确，三色墨盒在左侧，黑色墨盒在右侧，如图1-38所示。

步骤8 关闭墨盒仓门，如图1-39所示。

图1-38 检查墨盒是否安装正确

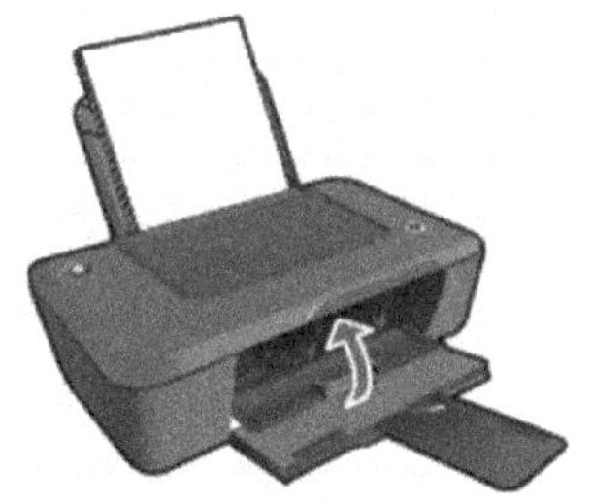

图1-39 关闭墨盒仓门

步骤9　校准墨盒。

根据打印机的提示，在进纸盒中装入未使用的A4普通白纸。打印机将打印一张墨盒校准页。

每次安装或更换墨盒时，打印机会提示校准墨盒。操作者也可以随时通过控制面板或者随打印机安装的软件，校准墨盒。校准墨盒可以确保高质量的打印输出。

如果校准墨盒时装入进纸盒中的是彩色纸，校准将会失败。将未曾使用过的普通白纸装入进纸盒，然后再次进行校准。

任务情境 2

小赵是乐家物联网有限公司的办公室文员，该公司是一家新兴科技企业。一天，经理让小赵打印一份合同文本。小赵打印时，发现前几页比较清晰，但后面的几页颜色越来越淡，最后完全看不到字了，变成了空白页。这台打印机是激光打印机，型号为HP Laser Jet P2055d，小赵判断，打印机是正常的，只是硒鼓中没有碳粉了，需要更换硒鼓，小赵应该如何操作？

操作步骤

步骤1　关闭打印机电源，如图1-40所示。

步骤2　收起打印机的进纸器，如图1-41所示。

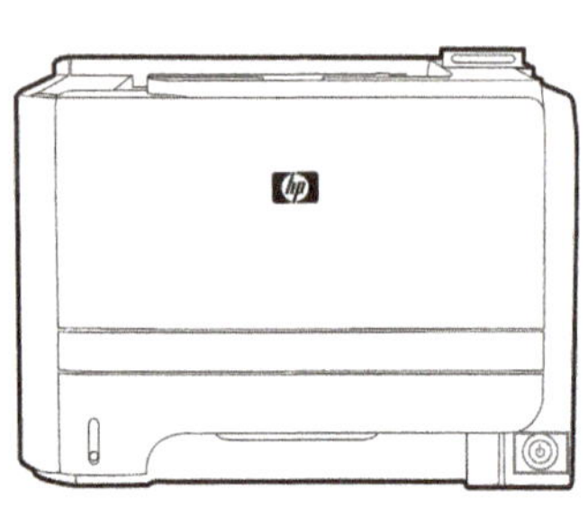

图1-40　关闭打印机电源

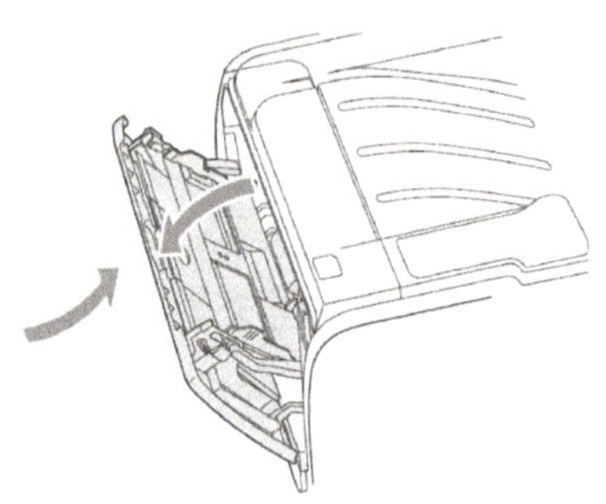

图1-41　收起打印机的进纸器

步骤3　打开打印机硒鼓挡板，如图1-42所示。

按一下右下角打印机硒鼓挡盖释放按钮，打开打印机硒鼓挡板。

步骤4　取出旧硒鼓，如图1-43所示。

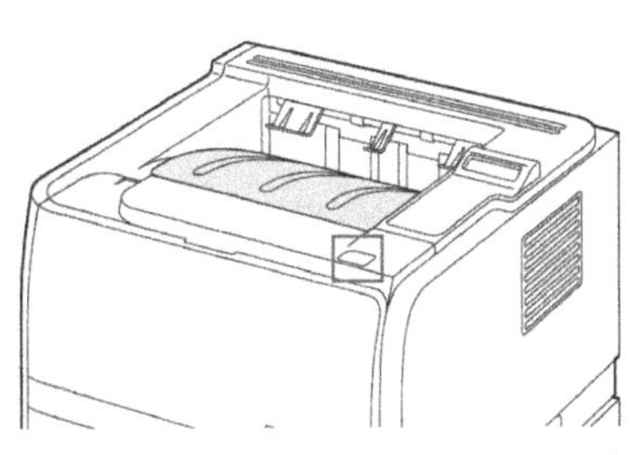

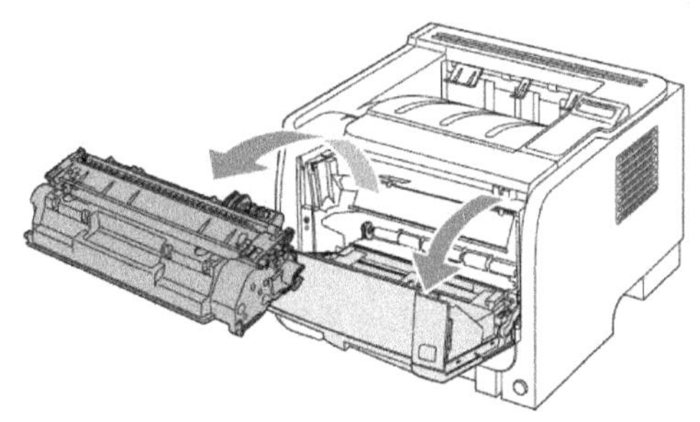

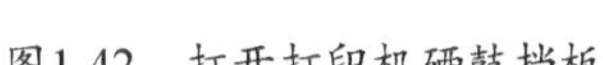

图1-42　打开打印机硒鼓挡板

图1-43　取出旧硒鼓

步骤5　从包装袋中取出新硒鼓。将用完的硒鼓装入包装袋以便回收，如图1-44所示。

步骤6　左右摇动新硒鼓，将里面的碳粉摇均匀，拆下封条，如图1-45所示。

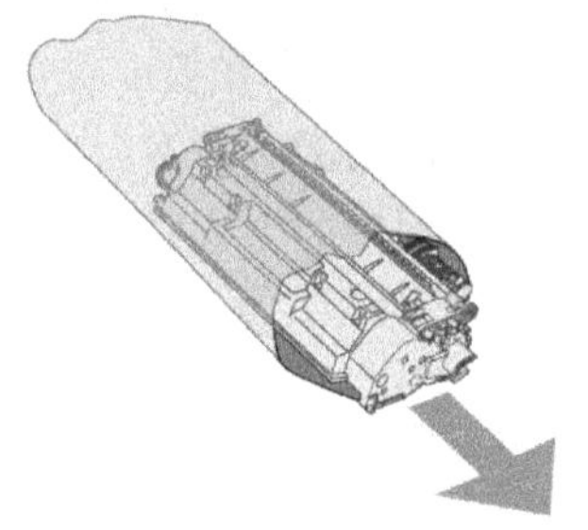

图1-44　取出新硒鼓

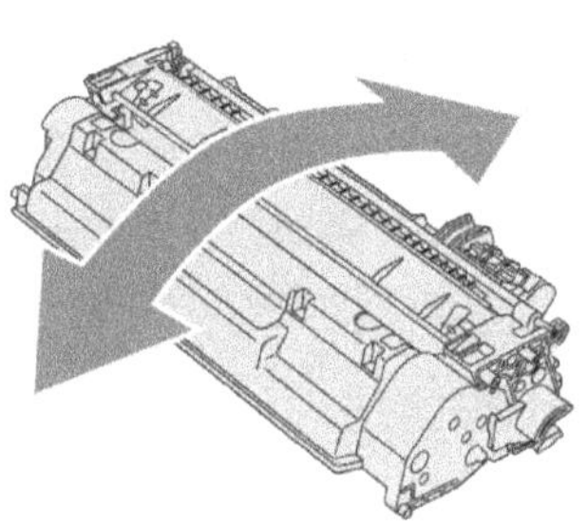

图1-45　摇匀碳粉

不要触碰硒鼓的黑色海绵转印滚筒。这样做会损坏硒鼓。

步骤7　将新硒鼓的标签朝内，与产品内部的导轨对齐，插入硒鼓直至其牢固就位，如图1-46所示。

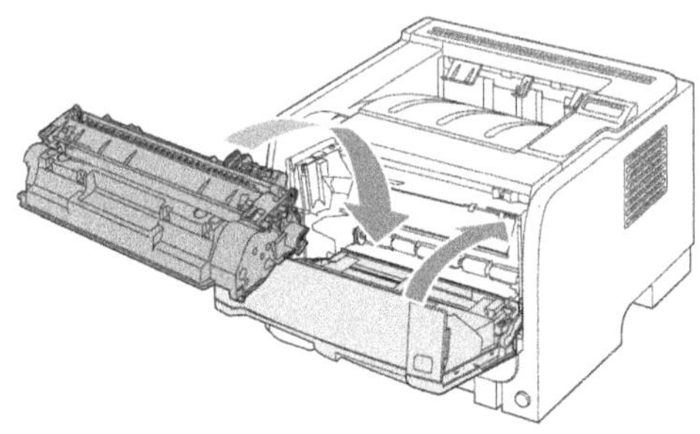

图1-46　插入硒鼓

用手轻压硒鼓，确认硒鼓上的芯片和打印机上的芯片接触位完全接触好。

步骤8　关闭打印机硒鼓挡板。

拓展阅读

一、认识打印机墨盒

墨盒主要指的是喷墨打印机（包括喷墨型多功能一体机）中用来存储打印墨水，并最终完成打印的部件。墨盒对于整个喷墨打印机来说具有相当重要的地位，尤其是一些低端打印机，已经达到了 2 盒墨 =1 台打印机的价钱。因此在购买打印机时，必须要考虑墨盒的情况。

（一）一体式墨盒

一体式墨盒（图 1-47）就是将喷头集成在墨盒上，当墨水用完更换一个新的墨盒之后，也就意味着同时更换了一个新的打印头。使用这种墨盒可以实现比较高的打印精度，而且能够保证打印质量，由于喷头随着墨盒更换，不会因为喷墨头的磨损而使打印质量下降。不过，这种墨盒设计结构增加了成本，而且此类墨盒的售价都比较高。惠普（HP）、利盟的产品多采用此类墨盒。目前为了节省打印成本，对于这类墨盒，用户在墨水用完了以后，往往自行向空墨盒中重灌墨水。一般来说，只要操作正确，重灌后的墨水不会对喷头造成多大伤害。即使没有成功，报废的也只不过是一个原本就应该报废的墨盒而已，一般不会对打印机造成伤害。

（二）分体式墨盒

分体式墨盒（图 1-48）是指将喷头和墨盒分开设计的产品。这种结构设计的出发点主要是为了降低打印成本，因为打印喷头不是集成在墨盒上的，在墨盒无效时，打印喷头可以继续使用，同时简化了用户对墨盒的拆装过程，减少了对打印机人为损伤的机会。但这种墨盒结构也有明显的缺陷，那就是喷头得不到及时更新，打印机随着工作时间的增长，打印机质量就自然下降了，直到喷头变坏为止。爱普生的产品大都为分体式墨盒。从成本上来说，这种墨盒要比一体化墨盒低一些，但是这类墨盒不允许用户随便重灌墨水。

在分体式墨盒中，根据颜色的情况又可以分为单色墨盒和多色墨盒。单色墨盒是指每一种颜色独立封装，用完哪一种颜色换哪一种即可，不会造成浪费。多色墨盒则是指将多种颜色封装在一个墨盒内，如果一种颜色用完了，即使其他几种颜色都有，也必须把整个墨盒全部换掉。

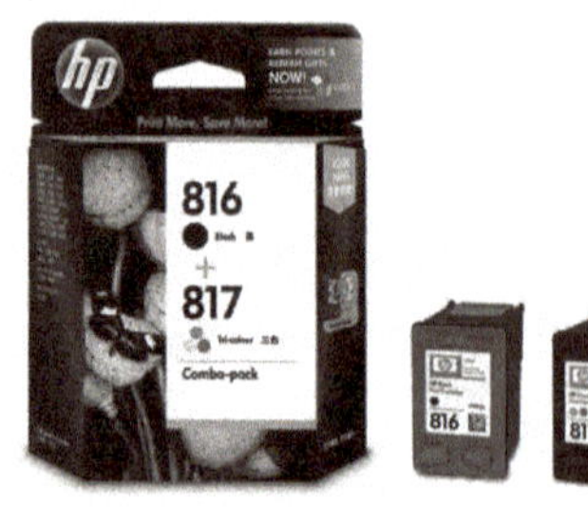

图1-47　一体式墨盒

图1-48　分体式墨盒

二、认识打印机硒鼓

硒鼓（图 1-49），也称为感光鼓，一般由铝制成的基本基材及基材上涂上的感光材料组成。硒鼓不仅决定了打印质量的好坏，还决定了使用者在使用过程中需要花费的金钱多少。在激光打印机中，70% 以上的成像部件集中在硒鼓中，打印质量的好坏实际上在很大程度上是由硒鼓决定的。

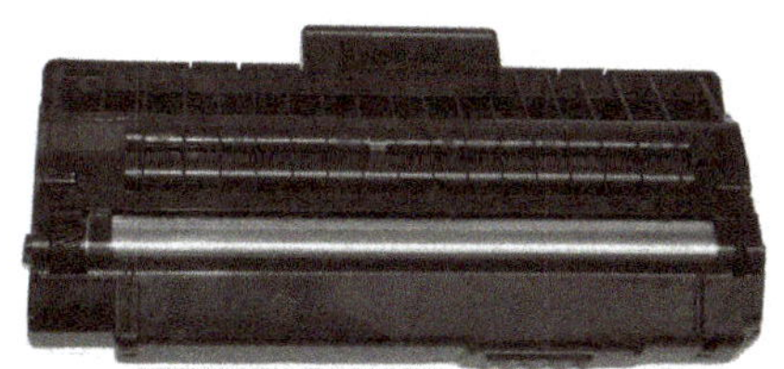

图1-49　硒鼓

对于激光打印机的用户来说，在更换硒鼓时有三种选择：原装硒鼓、通用硒鼓（或称为兼容硒鼓）、重灌装的硒鼓。如果考虑打印质量，原装硒鼓显然是最佳选择。原装硒鼓由于在设计过程中精心考虑了与打印机其他部件的整合，因此可以达到理想的打印效果，大大好于其他兼容产品。如果考虑成本，可以考虑通用硒鼓。一般的通用硒鼓也都是名牌厂商出品的，产品质量也有保障，价格通常比原装硒鼓低很多，所以其总体打印成本会优于原装硒鼓。如果不考虑打印质量又特别注重成本的话，可以考虑重灌装的硒鼓。

巩固训练

小马是天津环球有限公司总经理的秘书。一天，总经理安排她打印一份一家合作企业的产品报价单，共有 20 页 Excel 文档。小马在打印时，发现打印机墨盒没墨了，需要更换墨盒。请根据自己掌握的技能，完成打印机墨盒的更换。

职业技能鉴定指导

一、知识技能复习要点

1. 了解常用打印机墨盒的特点。
2. 了解常用打印机硒鼓的特点。
3. 掌握更换喷墨打印机墨盒的方法和技巧。
4. 掌握更换激光打印机硒鼓的方法和技巧。

二、模拟训练

（一）填空

1. 办公室常用打印机一般为喷墨打印机和激光打印机两种类型，它们所用的打印耗材分别是 ___________、___________。

2. 办公室常用打印机的墨盒一般分为 ___________、___________ 两种类型。

3. 激光打印机所用的硒鼓，也称为 ___________。

（二）选择

1. 更换打印机墨盒时，需不需要关闭打印机电源？（　）

A．需要　　B．不需要　　C．都可以

2. 更换打印机硒鼓时，需不需要关闭打印机电源？（　）

A．需要　　B．不需要　　C．都可以

3. 打印机硒鼓是否可以重新加入碳粉？（　）

A．可以　　B．不可以　　C．不能确定

三、技能实训

公司所用的打印机是 LBP 2900+ 黑白激光打印机，使用时，发现打印机硒鼓没有碳粉了。请根据自己所学的技能，完成硒鼓的更换。

任务评价

任务实施评价表

评价项目	评价关键点	配分	自评分	互评分	教师评分
关闭打印机，收起进纸器	关闭打印机电源	10			
	收起进纸器	10			
更换硒鼓	打开打印机硒鼓挡板	10			
	取出旧硒鼓	20			
	摇匀碳粉	10			
	插入新硒鼓	20			
	确认新硒鼓接触良好	10			
	关闭打印机硒鼓挡板	10			
总　分		100			

任务三 打印机的保养及常见故障排除

Task 3

训练目标

1. 能熟练进行喷墨打印机的保养。
2. 能熟练排除喷墨打印机的常见故障。
3. 能熟练进行激光打印机的保养。
4. 能熟练排除激光打印机的常见故障。

任务情境 1

小周是东方家具公司的办公室文员。公司里用的打印机既有喷墨打印机，也有激光打印机，部门经理指示小周要把办公室的打印机维护好，保证公司业务的正常开展。她需要从哪些方面对打印机进行保养？

保养操作

一、打印机放在稳固的平台上

将打印机放置在一个稳固的平台上工作，而且不要在打印机上放置任何物品。

二、打印时关闭前盖

在使用打印机的时候，必须关闭其前盖，这样可以以防止灰尘进入机内或其他坚硬物品阻碍打印机小车的运动。

三、不带电插拔打印机电缆

不带电插拔打印机电缆。带电插拔打印机电缆可能损坏打印机的打印口，更严重的甚至会损坏打印机的主板。

四、经常清洁

经常使用软刷或真空吸尘器清除纸张通道内的细小纸屑及灰尘。

五、注意防潮防水防尘

将喷墨打印机放置在凉爽、干净的地方。不让水、酒精或其他清洁液体进入打印组件内部。如果喷墨打印机的使用环境灰尘较多，灰尘很容易导致小车导轴润滑不良，使打印头在打印过程中的移动受阻，有可能引起打印位置不准确或撞击机械框架造成损伤及死机。

六、关机时确定打印头回到初始位置

喷墨打印机在关机前，要确认打印机的打印头是否回到初始位置，不要急于关机而匆匆拔掉电源。这样做，一是避免了下次开机时打印机重新进行清洗喷头操作，浪费墨水；二是因为喷头在初始位置可受到保护罩的密封，打印头不容易造成堵塞。

有一部分打印机的打印头在初始位置时会被锁定，即使用手去移动喷头，也不能够使之离开初始位置。此时注意，千万不能强行用力移动打印头，否则将造成打印机机械部分的损坏。

任务情境 2

小周在用喷墨打印机打印资料时，发现打印出的资料出现断线、偏色等现象。小周应该如何处理？

操作步骤

步骤1　分析故障原因。

如果在墨盒中还有墨水的情况下，打印时出现断线、偏色等现象，表明墨盒中的某些喷嘴可能堵塞了。

步骤2　解决故障。

方法一　使用打印机自带清洗墨盒程序进行清洗。

方法二　手动清洁墨盒。

如果使用打印机的清洗墨盒程序后仍没有明显改善，可尝试手动清洁墨盒。

打开墨盒仓，稍用力将墨盒从一体机中扣出拆下。拆下墨盒后找到墨盒的喷嘴，一般在墨盒底部有类似集成电路的部分就是喷嘴。准备一小盒 50 ~ 60℃的温水，将墨盒底部的喷嘴放入水中浸泡 3 ~ 5 分钟。

将墨盒从水中取出，稍稍用力甩干。如果喷嘴部分甩出少量墨水是正常现象，不用担心。找一张干净的餐巾纸吸干墨盒喷嘴处的墨水。注意不要擦喷嘴的电路板，否则有可能造成喷嘴堵塞。将清洗后的墨盒重新安装回打印机，打印一张测试页看看清洗效果。如果仍没有改善，那就要更换墨盒了。

任务情境 3

小周在用喷墨打印机打印资料时，发现打印机出现纸张的“咔咔”的响声，打印的资料没有出来。小周应该如何处理？

操作步骤

步骤1　关闭打印机电源。

步骤2　取出被卡的纸张。

如果纸张卡在进纸的地方，要想将纸顺利地取出来，先要注意右侧有一个搓纸轮，取纸的时候要先将它抬起来，从它底下抽出卡住的纸。

如果纸卡在了机器里面，那么打开机器上盖，从这里取出卡住的纸。取出时应注意墨盒，可以先将墨盒拖车放置在机器右侧，再取出卡住的纸。

步骤3　分析故障原因。

（1）可能原因 1

使用劣质纸或纸张受潮。劣质纸张往往附有许多纸屑，打印过程中纸屑落入机器，从而给搓纸轮造成压力，加大卡纸的可能性。纸张太轻也容易卡纸，特别是进行双面打印时，纸张由于经过一次加热及墨水渗透，打印后已经出现变形，如果这时纸张的重量低于 60 克，那么就容易出现卡纸现象。纸张受潮或纸张沾有湿气，也容易出现卡纸现象。

（2）可能原因 2

放入的纸张与设定打印的纸张不匹配。纸盒放入的是其他尺寸的纸张，但是软件设置中设定的依旧是 A4 尺寸的纸张，或是提示无法打印，或是连续打印多张后，容易造成卡纸。

（3）可能原因 3

打印机内存出错。打印机内部没有任何纸张，但是打印机依旧提示卡纸，这时可能是打印机内存出错。

（4）可能原因 4

零配件老化。如果一台打印机使用年限超过一年半，零配件就会开始老化，特别是搓纸轮、取纸辊及分离爪的磨损，这也是造成卡纸的主要原因。

步骤4　解决故障。

（1）针对可能原因 1 的处理

更换标准纸张；将纸张放在干燥的地方，防止受潮。

（2）针对可能原因 2 的处理

更换与打印要求相符的纸张。

（3）针对可能原因 3 的处理

清除内存。如爱普生 Stylus TX100 打印机，可按“进纸 + 清洗 + 电源”，再按“清洗”10 秒；其他型号的打印机请参照说明书操作。

（4）针对可能原因 4 的处理

尝试自己动手处理搓纸轮，把搓纸轮上面的皮套拔下来，转 180° 再套上。或把皮套拿下来在上面缠几圈胶带再把皮套套上，使它的直径加粗，抵消它的磨损。如果使用一段时间，又出现故障，更换搓纸轮可以彻底解决此问题。

任务情境 4

小周在用激光打印机打印资料时，发现打印机输出的纸张出现局部字不清楚，碳粉浓淡不匀等现象。小周应该如何处理？

操作步骤

步骤1　分析故障原因。

硒鼓中的碳粉量不足，需要补充。

步骤2　解决故障。

方法一　更换硒鼓。

方法二　手动为硒鼓加注碳粉。

任务情境 5

小周在用激光打印机打印资料时，发现打印机有打印的声音，但是打印的资料没有出来，操作面板上“!”旁边的指示灯在闪动。小周应该如何处理?

操作步骤

步骤1　分析故障原因。

（1）可能原因 1

打印机缺纸。

（2）可能原因 2

打印机卡纸。

步骤2　解决故障。

（1）针对可能原因 1 的处理

在打印机的纸仓中放入纸张。

（2）针对可能原因 2 的处理

关闭打印机电源，打开硒鼓仓盖，取出被卡的纸。在取纸的时候注意，必须按进纸方向取纸，绝不可反方向转动任何旋钮。被卡的纸取出后，再通电测试。

如果打印机经常卡纸，则需要检查进纸通道。搓纸轮是激光打印最易磨损的部分。当放纸抽屉内纸张正常而无法取纸时，往往是搓纸轮磨损或压纸弹簧松脱，压力不够，不能将纸送入机器。此时一般需要更换搓纸轮。此外，放纸抽屉安装不正，纸张质量不好（过薄、过厚、受潮），都可能造成卡纸或不能取纸的故障。

拓展阅读

一、墨盒要经常校正

当打印机重新装上墨盒或是换了新墨盒以后，都会提示对打印机进行校正，这样能够提高打印精度和打印质量。打印机在正常使用了 1 ~ 2 个月后就要及时校正墨盒，以保证打印机正常的打印质量。

二、省墨技巧

在打印任务完成后，要按下电源（POWER）键关闭打印机，不能经常用拔出电源插头的方式关闭打印机。另外，打印过程中不要关闭打印机。

三、墨盒的保存

如果办公室有多台打印机，喷墨打印机长期不使用，墨盒就要拆下来放置在室温下并避免日光直射。因为在这种环境中，墨水蒸发得很快，很容易造成喷头堵塞。另外，在低温潮湿的环境下，打印头电路与墨水都易出问题。

四、联机无法打印或打印乱码故障处理

一般来说，联机无法打印或打印乱码的原因有以下几个：

1. 打印机与计算机之间的打印电缆未连接好，此时需要关掉计算机和打印机电源，重新将电缆连接牢固。

2. 打印电缆有缺陷，可将该电缆在正常的机器上进行测试，验证是否有问题。若经验证确有缺陷，应更换新电缆。

3. 软件中选择了错误的打印机，需要检查打印机选择菜单，看是否选择了正确的打印机。

4. 打印机的接口电路出了问题，这是最严重的情况，这通常是由于在开机带电情况下插拔打印电缆引起的，少数情况下也可能是因为雷击或电气地线带电引起。接口电路的故障，通常都比较严重，需要请专业人员进行维修。

巩固训练

小周在利用激光打印机进行打印时，发现打印出来的文档出现偏色的现象，几乎每一张文档上都存在这种情况。请根据自己掌握的技能，完成故障的处理。

职业技能鉴定指导

一、知识技能复习要点

1. 掌握喷墨和激光打印机的保养方法。
2. 掌握喷墨打印机常见故障判断及排除的方法和技巧。
3. 掌握激光打印机常见故障判断及排除的方法和技巧。
4. 了解打印机联机打印常见故障判断及排除的方法和技巧。

二、模拟训练

（一）填空

1. 无论是激光打印机还是喷墨打印机，保养它们时都要注意“三防”，这“三防”分别是__________、__________、__________。

2. 打印机出现卡纸的故障时，要排除故障，首先必须__________。

3. 要清洗喷墨打印机墨盒中喷嘴，有__________、__________两种清洗方式。

（二）选择

1. 在喷墨打印机中的卡纸＝时，需不需要关闭打印机电源？（　）

A. 需要　　B. 不需要　　C. 都可以

2. 取出激光打印机中的卡纸时，需不需要关闭打印机电源？（　）

A. 需要　　B. 不需要　　C. 都可以

3. 清洗墨盒时，将墨盒从水中取出，稍用力甩干时，如果喷嘴部分甩出少量墨水，是否表示墨盒已坏？（　）

A. 墨盒正常　　B. 墨盒已坏　　C. 不能确定

三、技能实训

公司所用的打印机是 Hp Laserjet 黑白激光打印机，使用时，发现打印机卡纸了，请根据自己所学的技能，完成故障的排除。

任务评价

任务实施评价表

评价项目	评价关键点	配分	自评分	互评分	教师评分
关闭打印机	关闭打印机电源	10			
取出卡住的纸	收起打印机的进纸器	10			
	打开打印机硒鼓仓	10			
	从正确方向轻轻拉出卡住的纸	30			
	关闭硒鼓仓盖	10			
通电测试	打开打印机电源	10			
	进行打印测试	20			
总　分		100			

模块二 Module 2 复印机的使用与维护

复印机是一种能将手写、印刷或绘制的原始文件复制出和原稿相同内容的机器。它不需要印刷版，且具有快速复印、缩放等现代化特性，节省人们许多抄写、刻印的时间，是现代办公中必不可少的设备。当文件数量过多时，如果使用打印机打印，成本过高；有的文件无法通过打印机进行打印（如签过字、盖过章的合同），扫描的成本价也不低，所以选择复印机进行复印是比较明智的。掌握复印机的使用与维护是每名办公人员必须掌握的技能。本模块主要介绍复印机的使用与维护。

任务一 用复印机复印文档

Task 1

训练目标

能熟练用复印机复印文档。

任务情境

小何是一家大型连锁超市的办公室文员，公司新职员的岗前培训即将结束，公司老总让小何对岗前培训的职员进行培训问卷调查。打印好的问卷是A3幅面，A、B两面，需要按1∶1的比例，双面复印80份。公司的复印机是Canon iR2520i多功能数码复合机，小何该如何完成复印任务？

操作步骤

步骤1　打开电源开关，预热复印机，如图2-1所示。

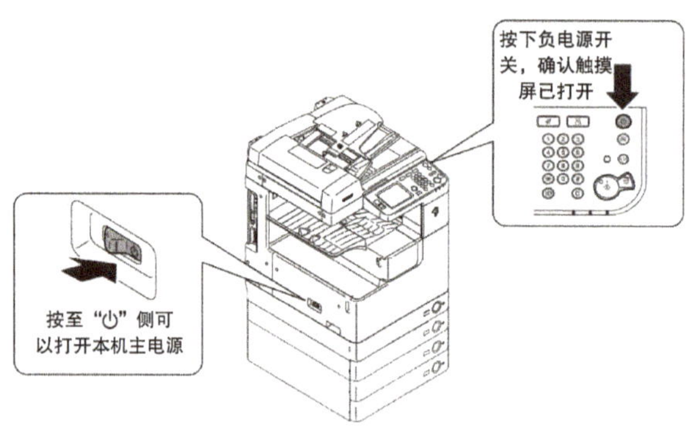

图2-1　预热复印机

步骤2　打开送纸盘，如图2-2所示。

步骤3　将纸整齐装入送纸盘，如图2-3所示。

将A3纸张抖松，以便清除静电，防止粘连，并将断裂、破损、有毛边的复印纸挑出，以免影响机器的正常运行（避免卡纸），然后将纸整齐装入送纸盘。

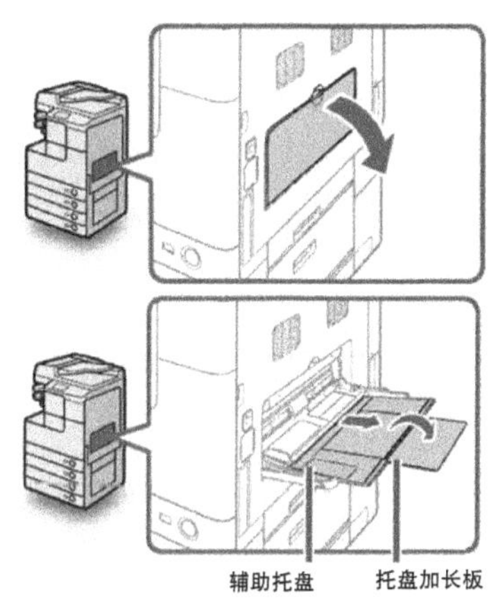

图2-2　打开送纸盘

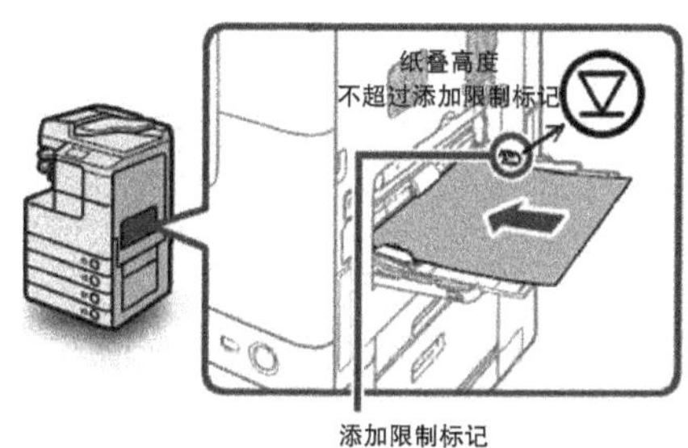

图2-3　将A3纸装入送纸盘

如果复印纸卷曲，放入送纸盘前应将卷曲的纸张展平，因为卷曲的纸张可能导致卡纸，如图 2-4 所示。

如果难以将卷曲的纸张展平，则将纸张前端向上卷起，如图 2-5 所示。

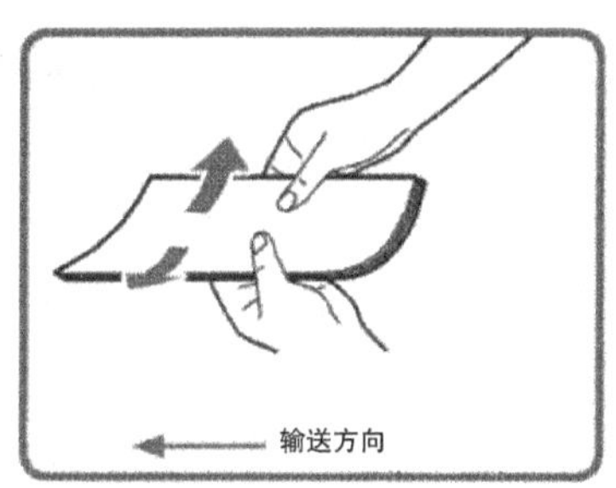

图2-4　将纸张展平

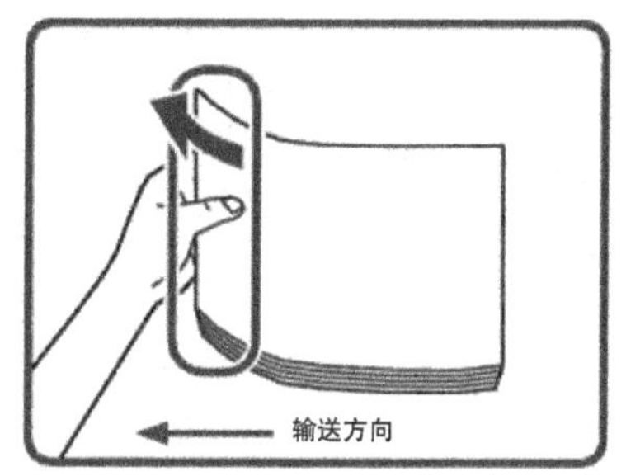

图2-5　将纸张前端向上卷起

步骤4　调整滑动导板，使其适合纸张的尺寸，如图2-6所示。

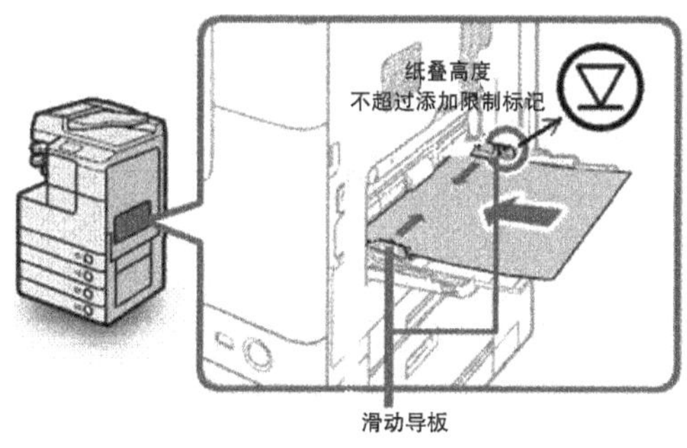

图2-6　调整滑动导板

步骤5　在操作面板中按“[ ]”（复印）键，显示“复印”功能主屏幕（触摸面板显示屏幕），如图2-7所示。

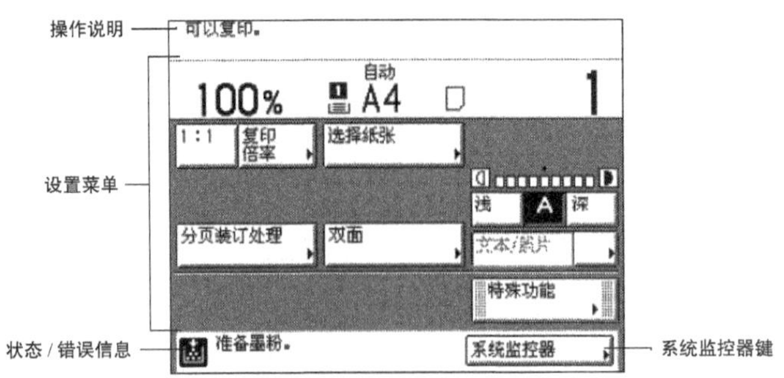

图2-7　功能主屏幕

步骤6　设置复印纸张的尺寸和类型。

在触摸面板显示屏幕上，点击“选择纸张”按钮，如图 2-8 所示。

如果设置为自动选择纸张尺寸和类型，则点击“自动”→“完成”，如图 2-9 所示。

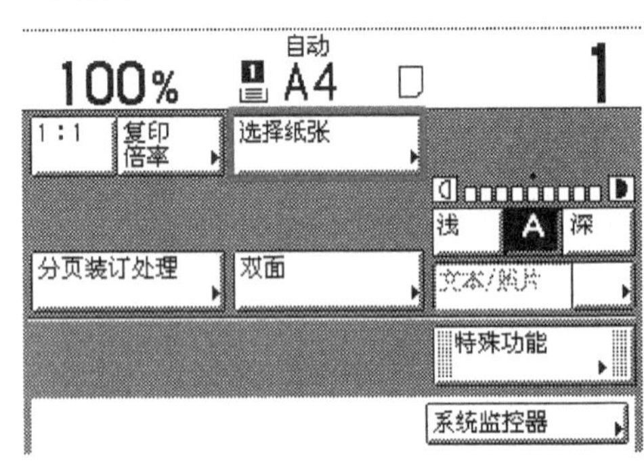

图2-8　设置复印纸张的尺寸和类型

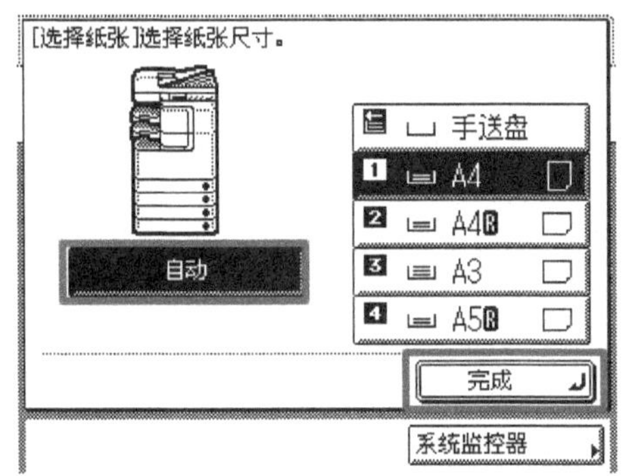

图2-9　自动选择纸张的设置

如果不能确保已选择“自动”选择纸张设置，则按“ ”（复位）或点击“选择纸张”→“自动”→“完成”按钮这个过程重新设置。

如果要使用“自动纸张选择 / 自动纸盒切换”模式从送纸盘送纸，则必须启用送纸盘（本机此功能已启用），点击“打开”→“确定”按钮，如图 2-10 所示。

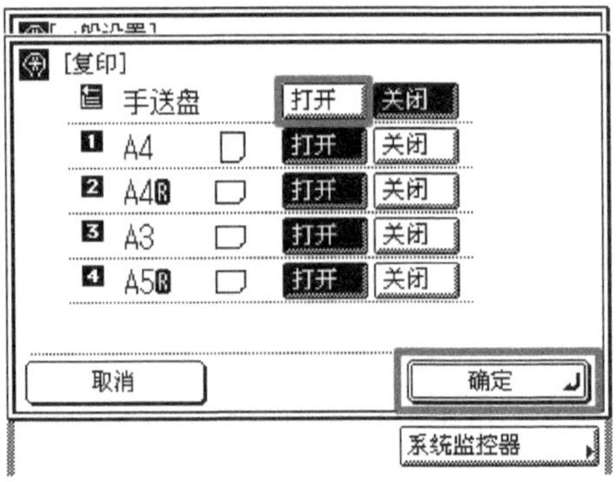

图2-10　启用手送纸盘功能

如果设置为手动选择纸张尺寸和类型，则点击“手送盘”→“A3”→“下一步”→“普通纸”→“确定”按钮，如图 2-11 所示。

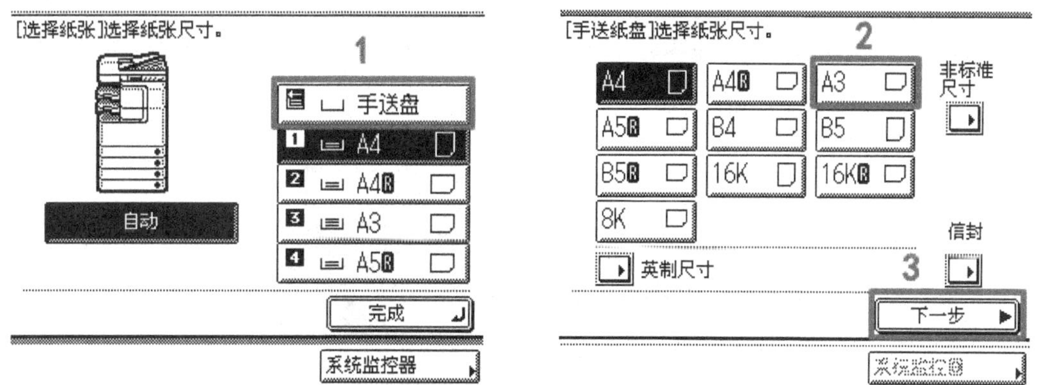

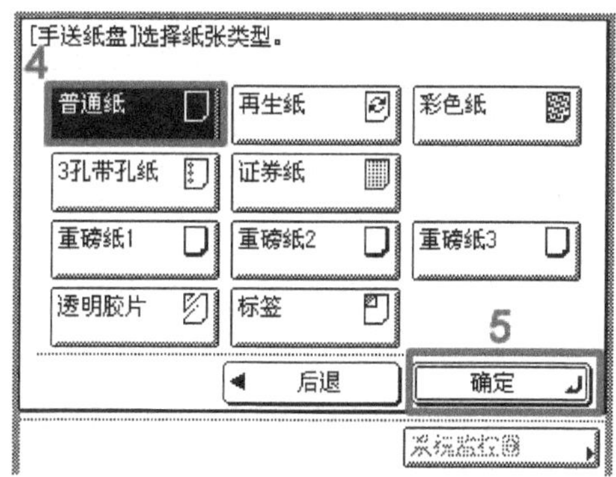

图2-11　手动选择纸张尺寸和类型的操作过程

步骤7　设置自动调整复印浓度。

在触摸面板显示屏幕上，点击“A”按钮，这时“A”被加亮，如图 2-12 所示。

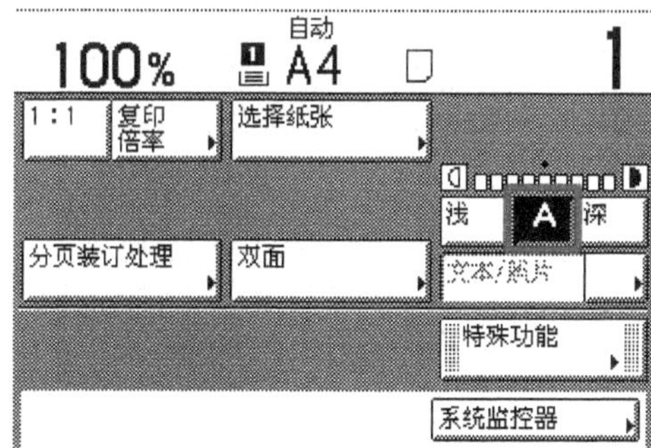

图2-12　自动调整复印浓度

设置自动调整复印浓度时，要确保触摸面板显示屏幕上的“A”被加亮。如果未加亮，需再按“A”按钮。

如果要手动调整复印浓度，则在触摸面板显示屏幕上点击“浅”或“深”按钮，如图 2-13 所示。按“浅”按钮，指示器向左移动，浓度变浅；按“深”按钮，指示器向右移动，浓度变深。

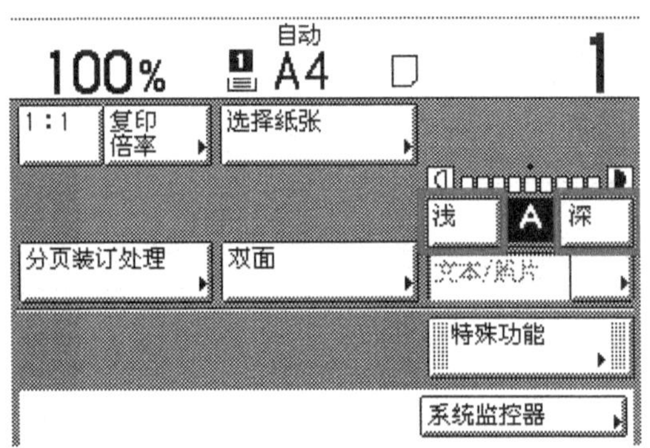

图2-13　手动调整复印浓度

自动复印浓度调整可能对透明胶片不起作用。在这种情况下，需按“浅”或“深”按钮手动调整浓度。

步骤8　设置复印倍率。

在触摸面板显示屏幕上，点击“1：1”按钮，设置复印倍率为 1：1，如图 2-14 所示。

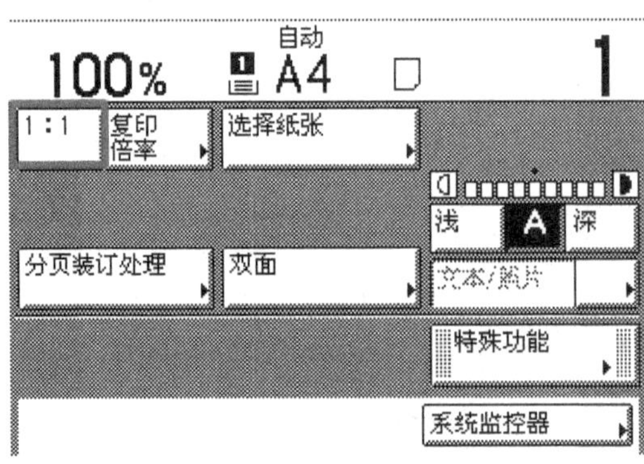

图2-14　设置复印倍率为1:1

如果要设置自动缩放倍率，则在触摸面板显示屏幕上，点击“复印倍率”→“自动”→“完成”按钮，如图 2-15 所示。

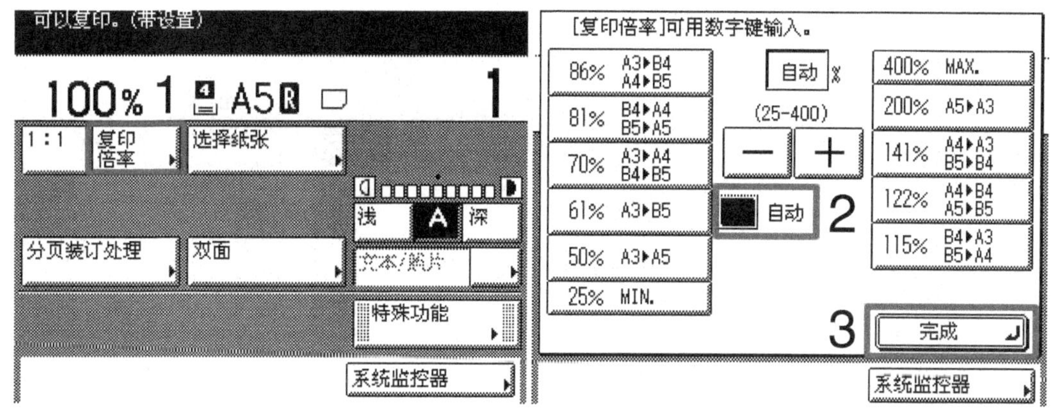

图2-15　设置自动缩放倍率

“复印倍率”屏幕上的“自动”设置，不能与“自动纸张选择”模式一起使用（在此例中，不能选用“自动”设置）。

如果要设置按百分比缩放倍率，则在触摸面板显示屏幕上，点击“复印倍率”→“–”或“+”→“完成”按钮，如图 2-16 所示。

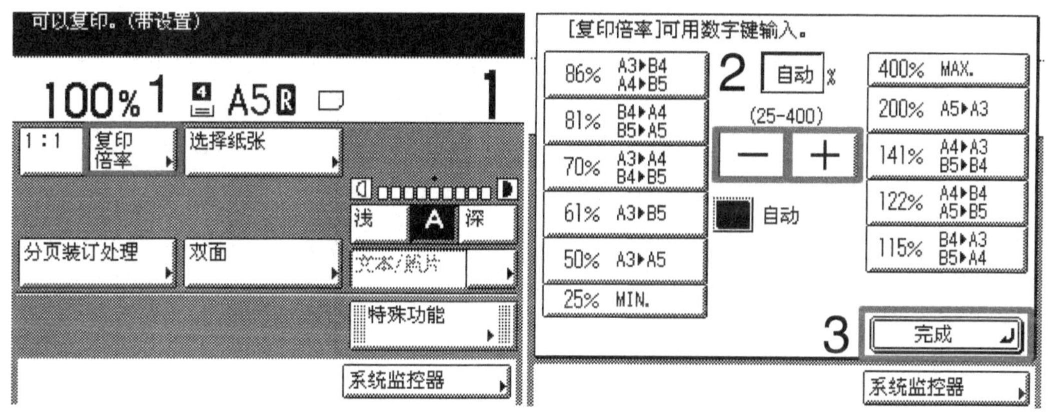

图2-16　设置按百分比缩放倍率

也可使用“0 ~ 9”（数字键）直接输入倍率值。如输入错误，可用“Ⓒ”（清除）键清除输入的内容。

步骤9　设置双面复印模式。

在触摸面板显示屏幕上，点击“双面”→“单→双面”→“确定”按钮，如图 2-17 所示。

步骤10　扫描原稿。

放置原稿，根据原稿的尺寸和类型以及要使用的功能，将原稿放在稿台玻璃上的最佳位置。

1. 打开稿台盖板，如图 2-18 所示。
2. 将原稿（问卷 A 面）朝下横向放置在稿台玻璃上，如图 2-19 所示。

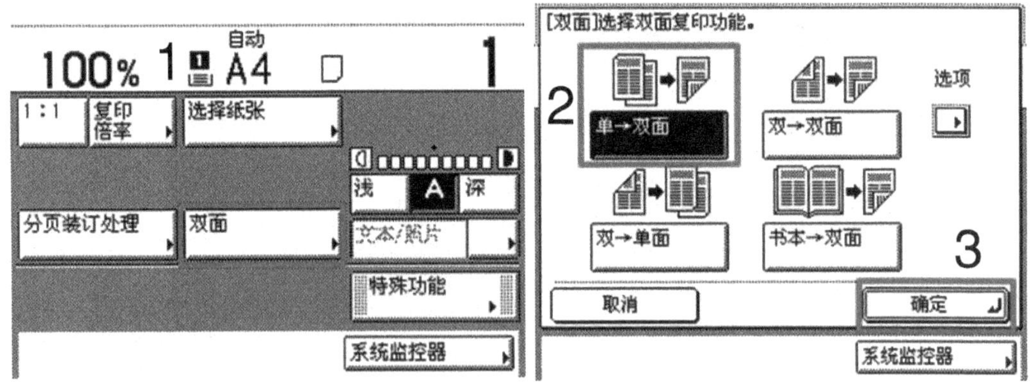

图2-17　设置双面复印模式

图2-18　打开稿台盖板

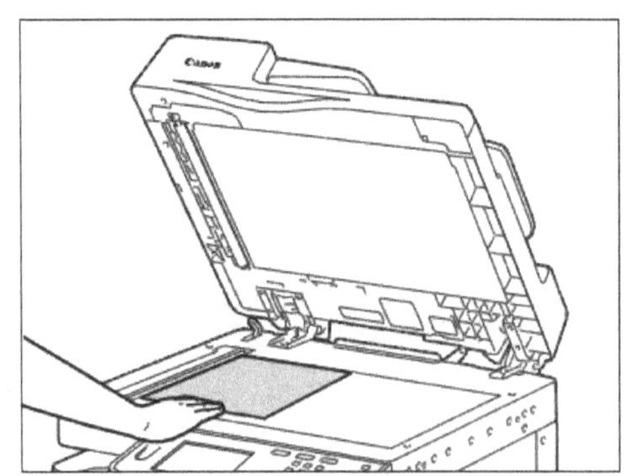

图2-19　放置原稿

3．将原稿的左上角与稿台玻璃上箭头所指的角对齐，如图 2-20 所示。

4．轻轻合上稿台盖板，如图 2-21 所示。

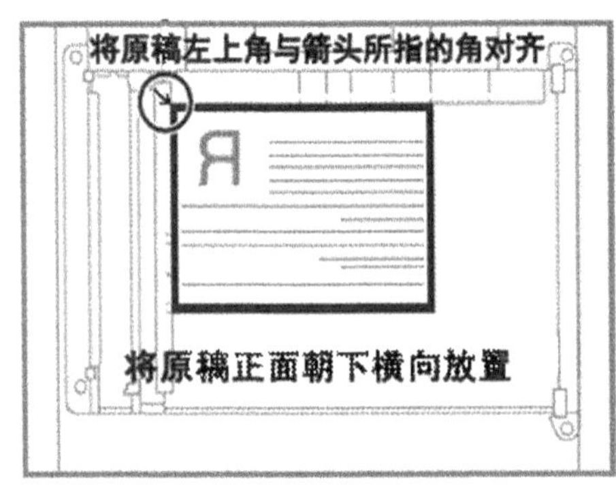

图2-20　原稿对齐

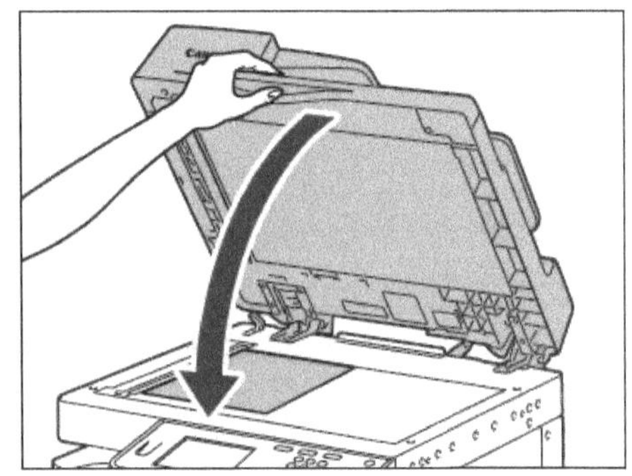

图2-21　合上稿台盖板

5．按“◈”（启动）键，对原稿进行扫描，如图 2-22 所示。

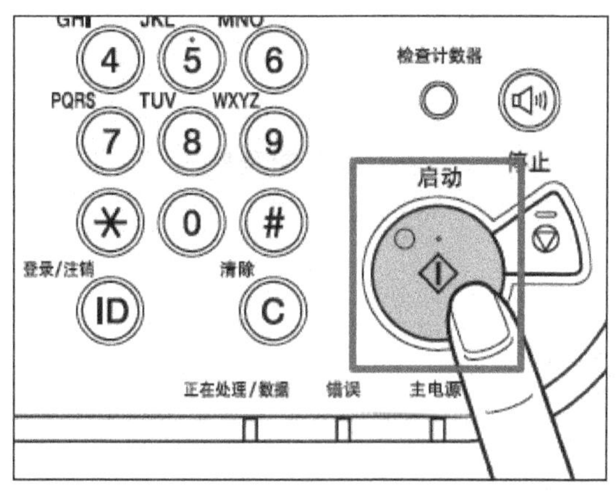

图2-22　扫描原稿

6. 扫描完成后，触摸面板显示更换原稿的提示，如图 2-23 所示。

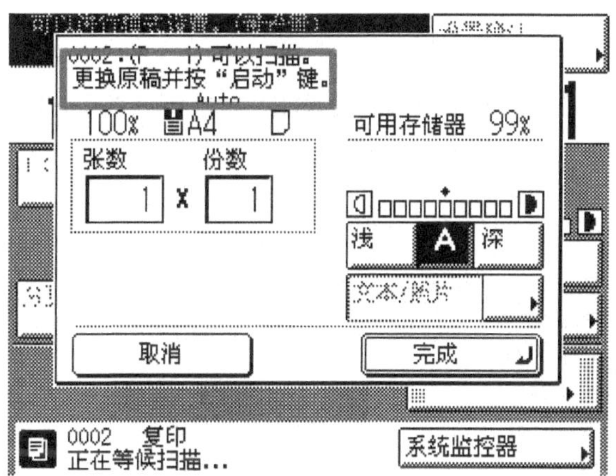

图2-23　更换原稿提示

这时打开稿台盖板，取出原稿，如图 2-24 所示。

图2-24　取出原稿

7. 更换原稿（问卷 B 面），重复 2 ~ 6 的步骤。

8. 所有原稿（问卷 A、B 两面）扫描完成后，点击“完成”按钮，如图 2-25 所示。

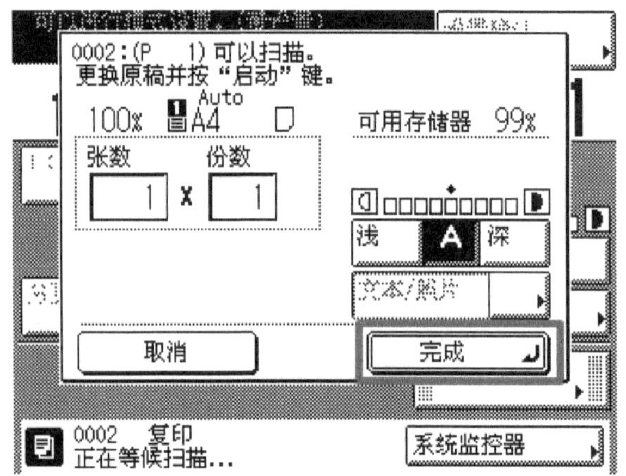

图2-25　完成原稿扫描

步骤11　使用“0～9”（数字键）设置复印数量80份，如图2-26所示。

如果输错数值，按“Ⓒ”键清除，然后输入正确数值，如图 2-27 所示。

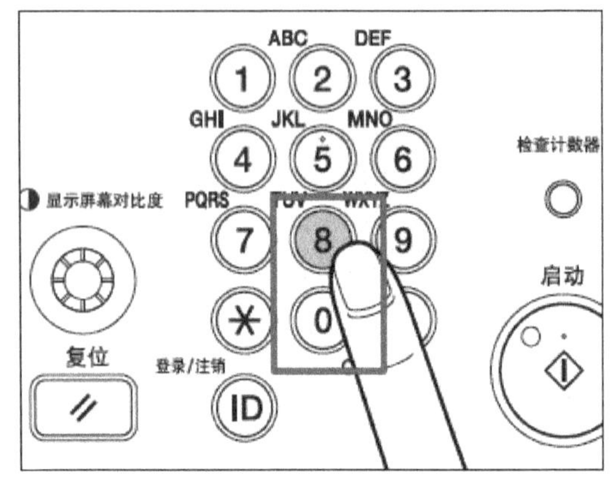

图2-26　输入复印数量

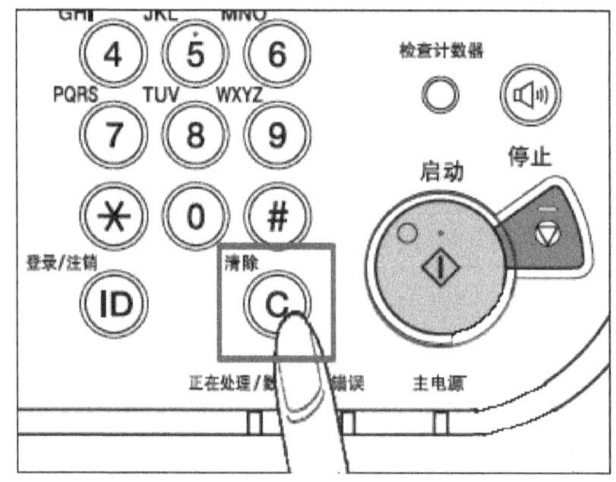

图2-27　更改复印份数

设置完成后，复印倍率、选择纸张、复印数量将显示在主屏幕上，如图 2-28 所示。

步骤12　按“Ⓓ”（启动），复印开始，如图2-29所示。

如果屏幕出现提示指定原稿尺寸的信息，点击“原稿尺寸（A3）”→“确定”→“Ⓓ”（启动）按钮，如图 2-30 所示。

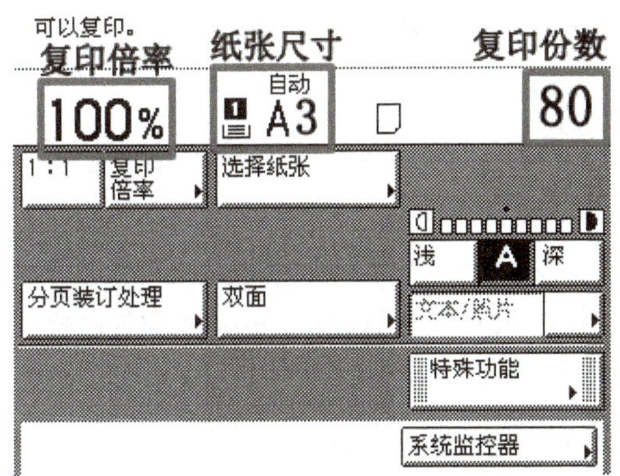

图2-28 设置完成后的主屏幕显示

图2-29 复印启动键

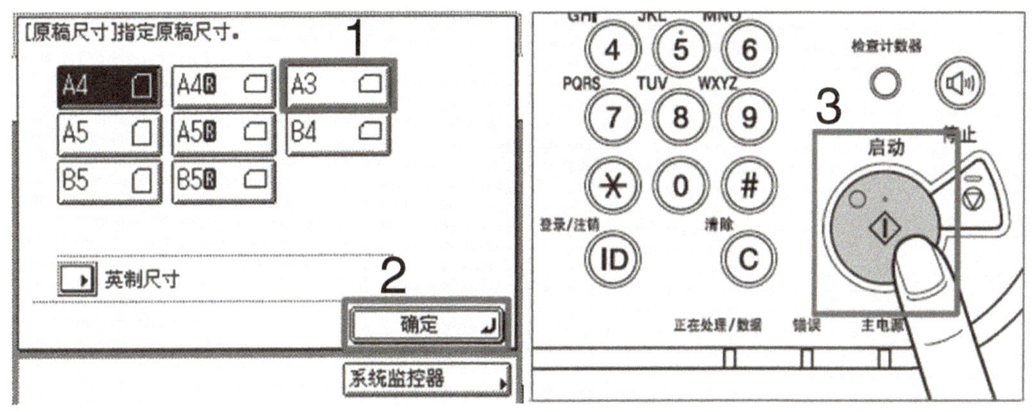

图2-30 指定原稿尺寸

本机在复印过程中，不能更改复印模式设置（如复印数量、纸张尺寸或复印倍率）。

步骤13 复印完毕后，打开稿台盖板，从稿台玻璃上取下原稿。

拓展阅读

一、认识复印机

自从20世纪50年代美国施乐公司推出第一台商用复印机以来，复印机已经历了半个多世纪的历程，复印技术也日趋完善。全世界有几十家公司独立生产复印机。

1. 根据复印机工作原理的不同，复印机可分为模拟复印机和数码复印机两种。市面上的复印机大多数为模拟复印机。数码复印机是近几十年来兴起的数字化办公潮流所带来的必然结果，第一部数码复印机于1991年由日本佳能公司推出。数码复印机具有高技术、高质量、组合化、能增强生产能力、可靠性极高等一系列优点。佳能、理光、施乐、美能达等多家厂商都已经推出了多种型号的数码复印机。

2. 根据复印的速度不同，复印机可分为低速、中速和高速三种。

低速复印机每分钟可复印 A4 幅面的文件 10 ~ 30 份，中速复印机每分钟可复印 30 ~ 60 份，高速复印机每分钟可复印 60 份以上。绝大多数的办公场所只是配备中速或低速复印机。

3. 根据复印的幅面不同，复印机可分为普及型和工程复印机两种。

在普通办公场所的复印机均为普及型，也就是复印的幅面大小为 A3~A5。如果需要复印更大幅面的文档（如工程图纸等），则需要使用工程复印机进行复印，这些工程复印机复印的幅面大小为 A2 ~ A0，甚至更大，不过其价格也非常昂贵。

4. 根据复印机使用纸张类型不同，复印机可分为特殊纸复印机和普通纸复印机。特殊纸复印机一般指可感光的感光纸，而普通纸复印机是指普遍使用的复印机。

5. 根据复印机显影方式不同，复印机可分为单组份和双组份两种。

6. 根据复印机复印的颜色不同，复印机可分为单色、多色及彩色复印机三种。

图2-31 复印机

二、如何取消复印作业

方法一 在复印过程中如果要取消复印任务，可直接按操作面板上的“◎”（停止）键，如图 2-32 所示。

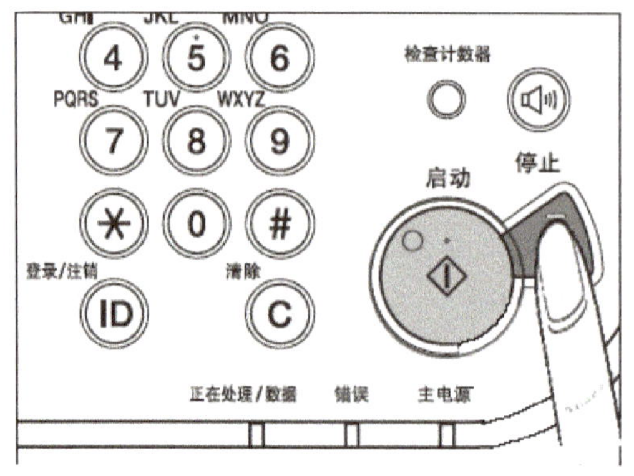

图2-32 按停止键取消复印作业

如果返回主屏幕，则复印作业被取消。

如果出现“复印作业状态”屏幕，则点击“状态”→“选择要取消的作业（0019）”→“取消”→“是”→“完成”按钮返回到主屏幕，如图 2-33 所示。

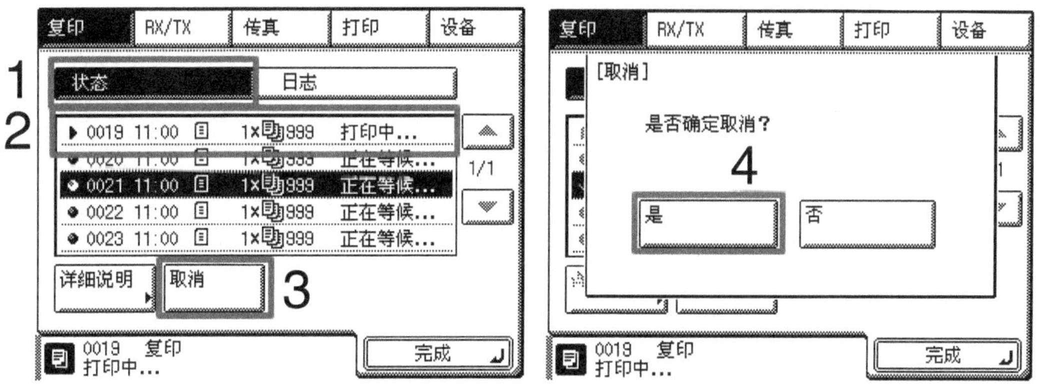

图2-33 取消复印操作过程

方法二 如果使用系统监控器取消复印作业，则在主屏幕点击“系统监控器”→“复印”→“状态”→“选择要取消的作业（0019）”→“取消”→“是”→“完成”按钮返回到主屏幕，如图 2-34 所示。

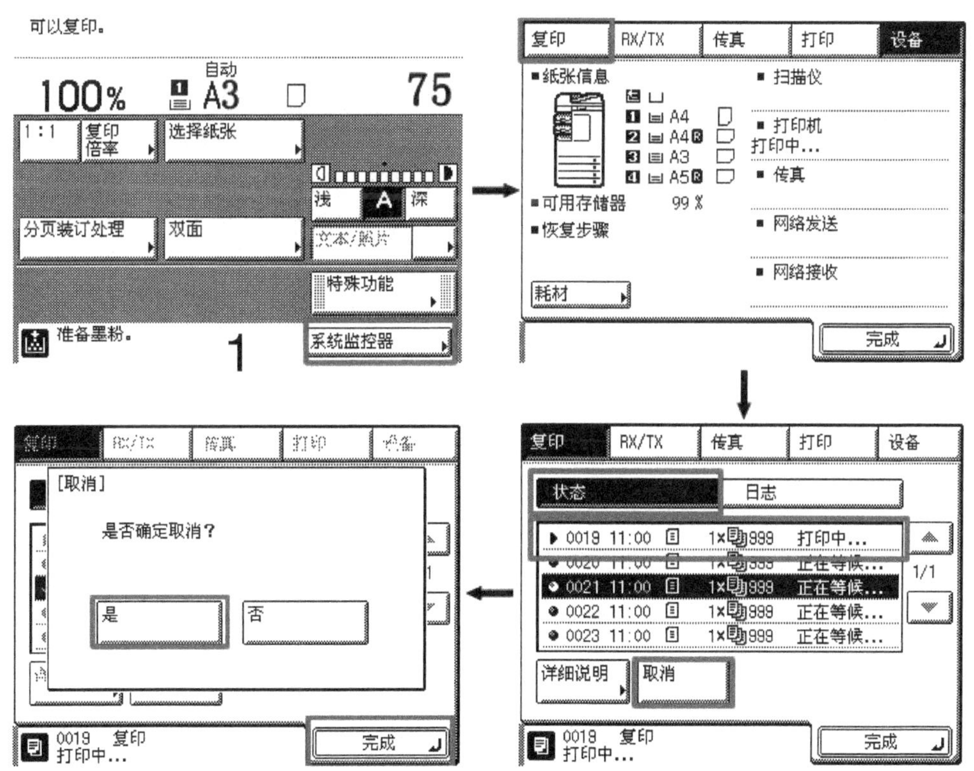

图2-34 使用系统监控器取消复印作业操作过程

使用上述两种方法取消复印作业时，一次只能选择并取消一项作业，不能同时选择并取消多项作业。在复印过程中，即使是取消了作业，仍会输出几份复印件。

拓展阅读

小何接受了一个新的任务，需将公司的两张A3幅面单面的彩色宣传单复印到一张A3幅面的纸上，黑白双面复印，共复印300份，并向顾客派发。请根据自己掌握的技能，完成宣传单的复印工作。

职业技能鉴定指导

一、知识技能复习要点

1. 掌握使用复印机进行复印的方法和技巧。
2. 掌握取消复印机复印的方法和技巧。

二、模拟训练

（一）填空

1. 复印机按工作原理，一般分为________、________两种类型。
2. 常见的复印机品牌有（列举四种）________、________、________、________。

（二）选择题

1. 下列复印机中，功能齐全，承印量大，适用于大型集团文印中心使用的是（　）。

A．高速柜式生产型复印机　　B．中低档办公型复印机

C．高速高档型复印机　　D．便携式个人用复印机

2. 纸张卷曲会导致（　）。

A．卡纸　　B．粘连　　C．复印大小不一

3. 复印时，需将原稿的（　）与稿台玻璃上箭头所指的角对齐。

A．右下角　　B．左上角　　C．左下角

4. 设置自动调整复印浓度时，要确保触摸面板显示屏幕上的（　）被加亮。

A．A　　B．深　　C．浅

三、技能实训

公司的复印机是Canon iR2520i多功能数码复合机，请将一份A3幅面的黑白文档按1∶1比例正反面复印300份。

任务评价

任务实施评价表

评价项目	评价关键点	配分	自评分	互评分	教师评分
启动复印机	打开复印机主电源	5			
	打开复印机负电源	5			
设定复印机所需复印模式	放置复印纸	10			
	放置原稿	5			
	选择复印倍率	10			
	调整复印浓度	10			
	选择图像质量	10			
	设置双面复印	10			
	选择复印份数	10			
	取消复印作业	10			
关闭复印机	复印完毕后整理复印稿	5			
	复印完毕后关机	5			
	收纳复印机的线缆	5			
总　分		100			

任务二 复印机的保养及常见故障排除

Task 2

训练目标

1. 能熟练进行复印机的保养。
2. 能熟练排除复印机的常见故障。

任务情境 1

小何所任职的公司，复印机的使用频率非常高。公司经理指示小何一定要保养好复印机，保障公司业务的高效运转。公司的复印机是 Canon iR2520i 多功能数码复合机，小何需要从哪些方面对复印机进行保养？

保养操作

一、保持工作环境干燥、干净

确保复印机工作在一个干燥、干净的环境中，让复印机远离灰尘的侵袭，同时要让它远离水（周围不要有饮水机、水源等），因为复印机很容易因为潮湿出现故障。

二、注意通风

如果复印机放在潮气比较大的房间，则需要保持室内通风顺畅，这样可以最大程度降低室内的湿度，以免复印机出现卡纸、印件不清等问题。

三、经常性预热烘干

每天早晨上班后，应把复印机启动进行半小时左右预热，这样可以烘干复印机里面的潮气，保持复印机的干燥。

四、注意纸张防潮

用于复印的纸张要保持干燥，通常是在复印机纸盒里面放置一盒干燥剂，这样确保纸张不会变潮。在每天下班的时候，可以把剩下的复印纸包好放到柜子里。

五、定期清洁

由于稿台玻璃、输稿器及稿台盖板反面容易受到稿件和手的沾污，也容易被划伤，所以应对这些地方定期清洁保养，才能保证良好的复印效果。

六、避免用手、有机溶剂或硬物直接接触稿台玻璃

复印机使用时，要避免用手直接接触稿台玻璃。如有装订，应将原稿上的大头针、曲别针、订书钉等拆掉，并放在指定位置（要注意不要让类似硬币、回形针或图钉之类的金属掉入到复印机内，以免这些金属接触到工作电路板，导致复印机内部电子元件工作短路，从而损坏复印机）。

涂改后的原件一定要等到涂改液干了以后再复印。清洁稿台玻璃时，应避免用有机溶剂（酒精、乙醚等）擦拭。因为稿台玻璃上涂有透光涂层和导电涂层，这些涂层不溶于水，但溶于有机物质。

七、防止带电操作

无论是插拔电源、线缆，还是排除卡纸故障等，都必须将复印机电源切断后再进行操作。要是带电操作的话，会缩短复印机的寿命。

任务情境 2

小何计划将公司的通讯录复印600份发给所有的员工。在试印中发现，复印件上内容模糊，不清晰。而原稿是自己在办公室打印出来的，内容非常清晰，复印用的纸张也是标准纸，屏幕上也没显示任何有关墨粉（准备、更换墨粉）信息。小何应该如何处理？

操作步骤

步骤1　分析故障原因。

由于原稿内容非常清晰，复印纸张合格，屏幕上没显示任何有关墨粉（准备、更换墨粉）信息。故障可能由以下几个方面引起。

（1）可能原因1

如果复印时使用的是稿台，可能稿台玻璃和稿台盖板反面已污染。

（2）可能原因2

如果复印时使用的是输稿器，可能输稿器扫描区域和辊已污染。

步骤2　解决故障。

（一）针对可能原因1的处理

1. 关闭主电源开关，拔掉电源线。

2. 用蘸水湿布清洁稿台玻璃和稿台盖板反面，然后用柔软干布擦拭干净，如图 2-35 所示。

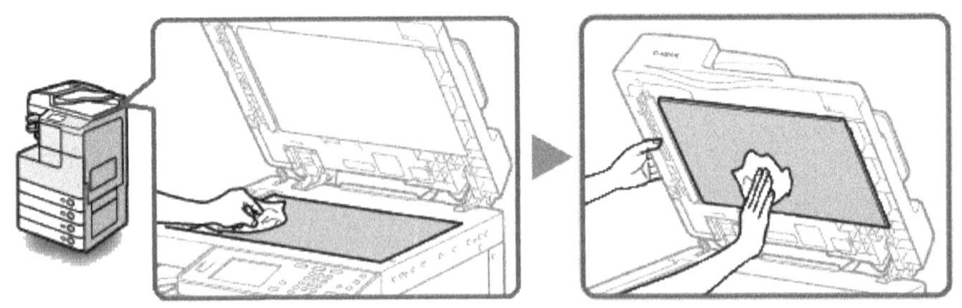

图2-35 清洁稿台玻璃和稿台盖板反面

（二）针对可能原因 2 的处理

1. 关闭主电源开关，拔掉电源线。

2. 打开输稿器盖板，如图 2-36 所示。

3. 握住内盖板的前手柄，打开内盖板，如图 2-37 所示。

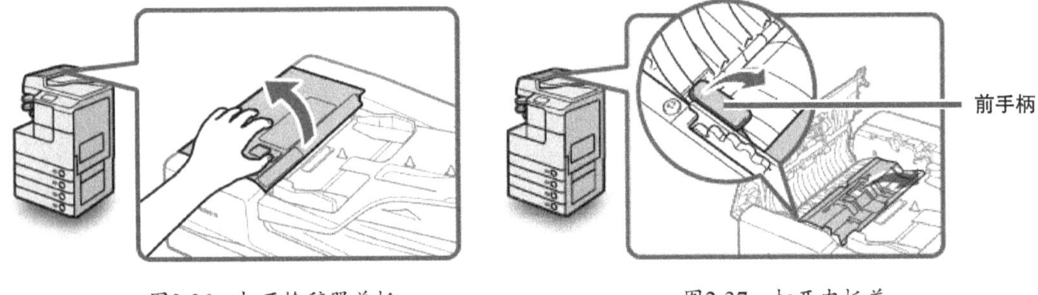

图2-36 打开输稿器盖板

图2-37 打开内板盖

4. 用蘸水湿布清洁内盖板内的辊（共三个位置）。然后用柔软干布擦拭该区域。清洁辊时请用手转动辊，如图 2-38 所示。

5. 用蘸水湿布清洁内盖板的透明塑料部件。然后用柔软干布擦拭该区域。如图 2-39 所示。

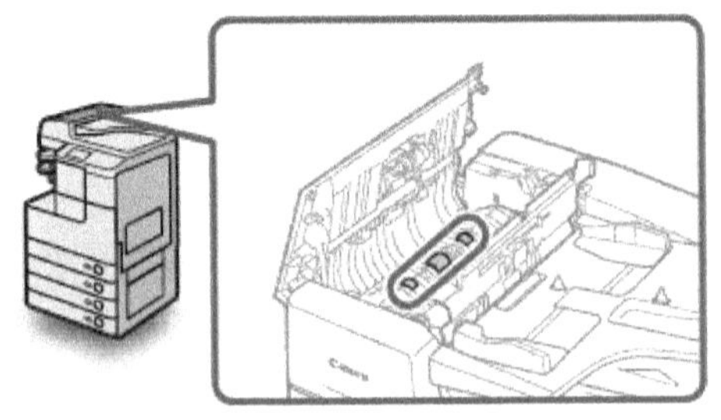

图2-38 清洁内盖板内的辊

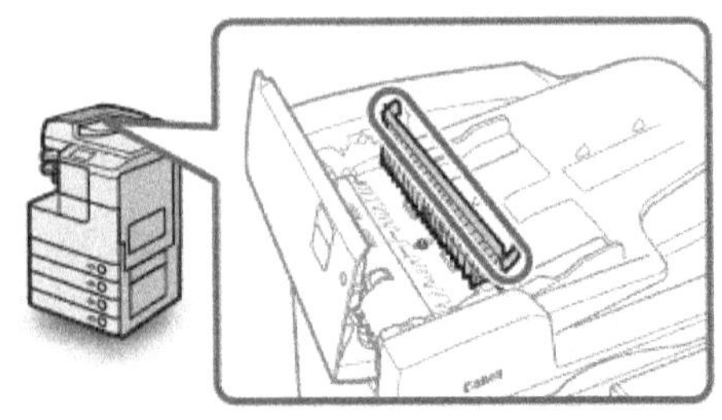

图2-39 清洁内盖板的透明塑料部件

6．关闭内盖板，如图 2-40 所示。

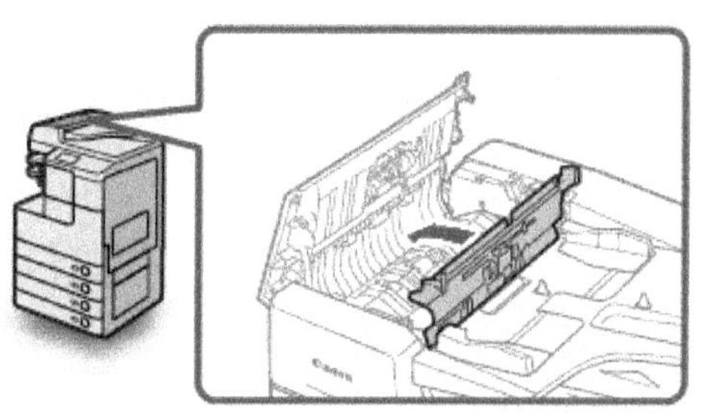

图2-40　关闭内盖板

7．将食指放在送纸转盘上，打开输稿器，如图 2-41 所示。

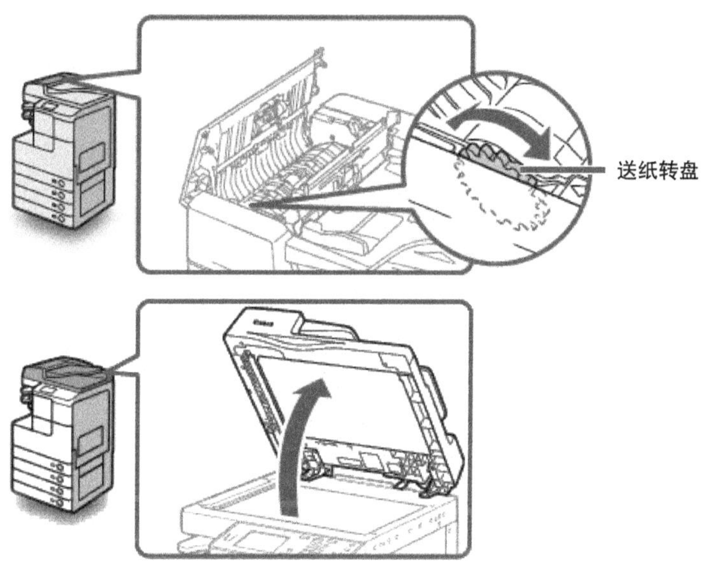

图2-41　打开输稿器

8．一边使用送纸转盘转动树脂辊，一边使用蘸水湿布清洁树脂辊及其周围区域。然后用柔软干布擦拭该区域，如图 2-42 所示。

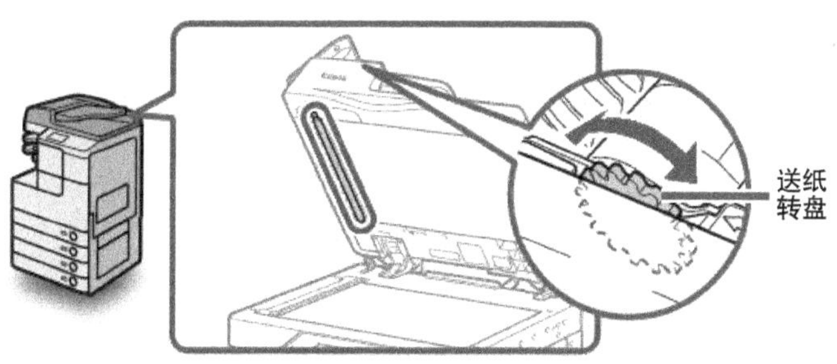

图2-42　清洁树脂辊

输稿器打开时无法接触到送纸转盘，请关闭输稿器→轻轻转动送纸转盘→打开输稿器→清洁辊。重复这些步骤，直到辊表面彻底清洁。

9．使用蘸水湿布清洁输稿器扫描区域（稿台玻璃左侧），然后用柔软干布擦拭该区域，如图 2-43 所示。

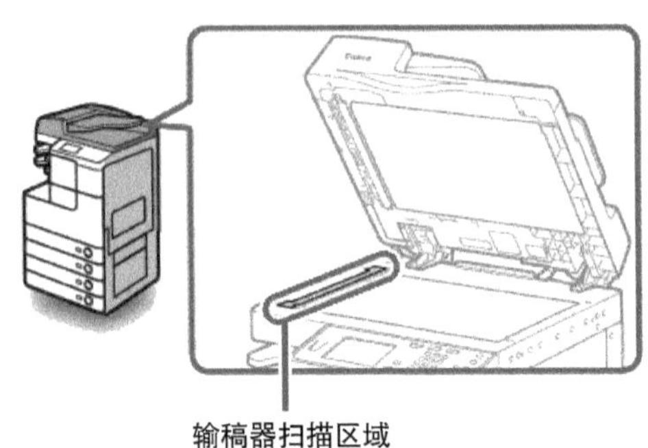

图2-43　清洁输稿器扫描区域

10．关闭输稿器，如图 2-44 所示。

图2-44　关闭输稿器

11．关闭输稿器盖板，如图 2-45 所示。

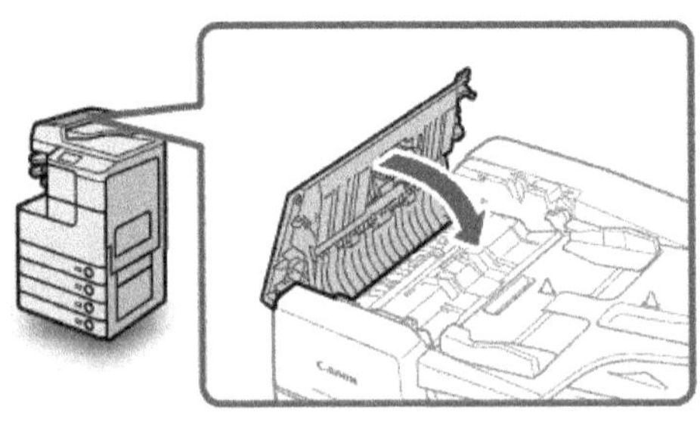

图2-45　关闭输稿器盖板

任务情境 3

小何在复印资料时，复印机在工作过程中发出“咔哒咔哒”的响声，而复印纸张没有出来。小何发现触摸面板显示屏幕上出现图 2-46 所示的文字。小何应该如何处理？

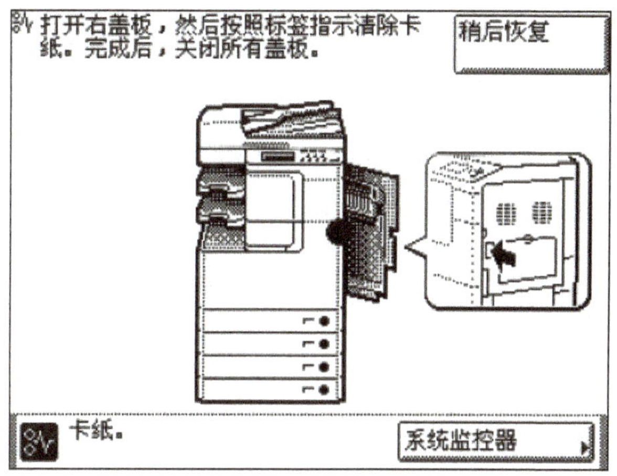

图2-46　屏幕显示

操作步骤

步骤1　关闭复印机电源。

步骤2　分析故障原因。

复印机在工作过程中发出“咔哒咔哒”的响声，而复印纸张没有出来，并且复印机屏幕提示“卡纸”，可能复印内部发生了卡纸。

步骤3　解决故障。

1．从手送纸盘中取出所有未卡住的纸张，如图 2-47 所示。

2．取出露出的卡纸，如图 2-48 所示。

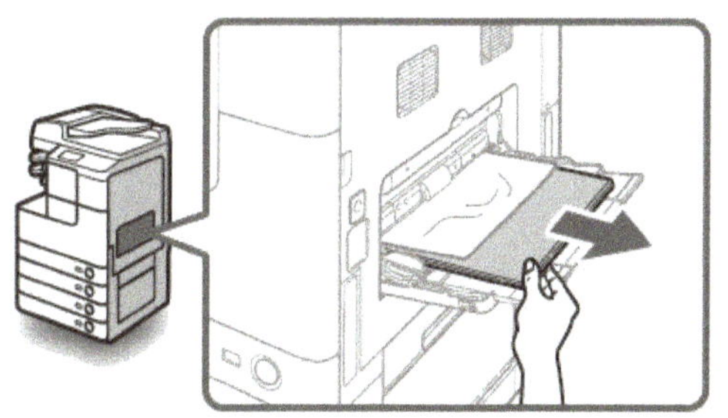

图2-47　取出未卡住的纸张

图2-48　取出露出的卡纸

切勿尝试强行拉出卡纸。否则可能会损坏复印机。

3．按主机右盖板上的按钮，打开右盖板，如图 2-49 所示。

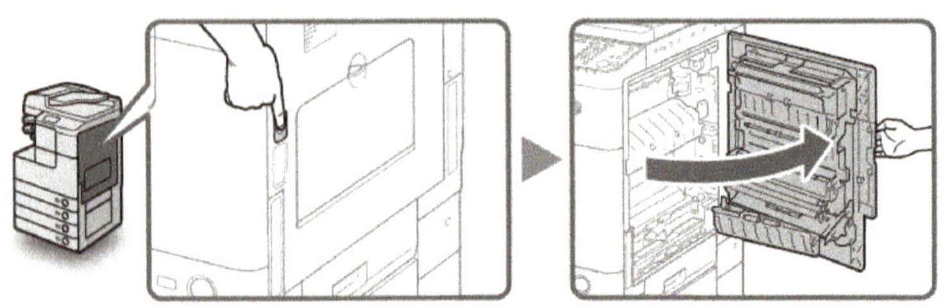

图2-49　打开右盖板

4．取出复印机内部的卡纸，如图 2-50 所示。

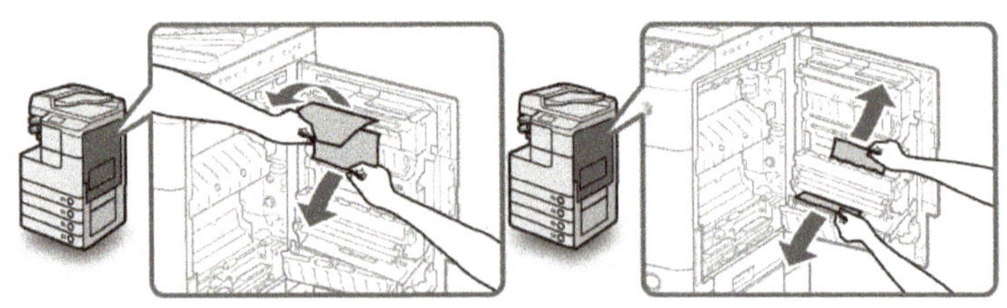

图2-50　取出复印机内部的卡纸

5．将手放在主机右盖板上有手符号“”的位置，然后轻轻关闭右盖板，直到发出“咔哒”声，如图 2-51 所示。

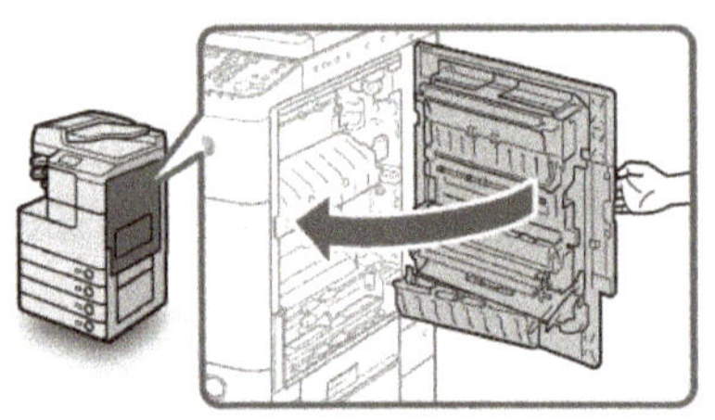

图2-51　关闭右盖板

拓展阅读

一、频繁发生卡纸

1．可能原因 1：本机中残留有纸张碎片。

解决方法：从本机中强行拉出卡住的纸张可能会使碎片残留在本机内部，导致频繁卡纸。如果在本机内部撕裂了卡纸，确保取出所有碎片。

2．可能原因 2：纸张类型设置不正确。

解决方法：设置正确的纸张类型。

3. 可能原因 3：纸张导板设置错误。

解决方法：确保每个纸盒中的纸张导板与所添加纸张的尺寸相符。错误设置纸张导板可能导致频繁卡纸。

4. 可能原因 4：使用的纸张不适合。

解决方法 1：确保使用的纸张符合纸张要求。

解决方法 2：检查不适合的纸张类型。如果要在容易卷曲的纸张（如轻磅纸或再生纸）上复印，使用“特殊模式 P”可能会降低卡纸的频率。

解决方法 3：检查不适合的纸张状况。切勿使用严重卷曲或皱折的纸张。在高湿度环境下，“特殊模式 N”可能会降低卡纸的频率。

5. 可能原因 5：纸张已有打印内容。

解决方法：如果要在已有打印内容纸张的背面复印，请使用“特殊模式 0”。避免使用已复印了彩色图像的纸张或已使用热转印打印机打印过的纸张（或这种纸张的反面）。

二、取出所有卡纸后本机不能运行

可能原因：至少有一个盖板未关闭。

解决方法：关闭所有打开的盖板，并将所有手柄恢复到其原位置。将各纸盒插入到位。

巩固训练

小何在复印文件时，发现复印时出现卡纸的现象。请根据自己掌握的技能，完成故障的处理。

职业技能鉴定指导

一、知识技能复习要点

1. 掌握复印机的保养方法。

2. 掌握复印机常见故障判断及排除的方法和技巧。

二、模拟训练

（一）填空

1. 如果复印机放在在潮气比较大的房间，湿度比较大时，复印机可能会出现______________________等问题。

2. 清洁稿台玻璃和稿台盖板反面，最好用____________清洁。

3. 复印的纸张一定要保持干燥，通常是在复印机纸盒里面放置一盒____________，确保纸张不会变潮。

（二）选择

1. 要维护好复印机，首先要保持复印机工作在（　）环境中。

A．干燥、干净　　B．湿润、干净　　C．高温、干燥

2. 每天早晨上班后，把复印机启动进行（　）小时左右预热。

A．半个　　B．一个　　C．两个

3. 清洁稿台玻璃时，应避免用（　）擦拭。

A．水　　B．无机溶剂　　C．有机溶剂

4. 下列关于复印机使用的注意事项，错误的是（　）。

A．复印机使用前应开机预热

B．复印机应使用接有地线的三相电源插座

C．复印机如加粉不及时会造成复印机故障

D．如果复印机背景有阴影，应使用软质的玻璃清洁物清洁玻璃台

三、技能实训

小周在复印时，发现原稿通过输稿器后出现黑色条纹。公司的复印机是 Canon iR2520i 多功能数码复合机，请根据自己掌握的技能，完成故障的排除。

任务评价

任务实施评价表

评价项目	评价关键点	配分	自评分	互评分	教师评分
关闭复印机	关闭复印机主电源	5			
	切断复印机电源	5			
清洁复印机	判定故障原因	10			
	找到稿器盖板内的辊的位置	10			
	清洁输稿器盖板内的辊	10			
	找到树脂辊所在位置	10			
	清洁树脂辊	10			
	清洁内盖板的透明塑料部	10			
	清洁输稿器扫描区域	10			
	清洁输稿器	10			
通电测试复印机	接通电源，打开主电源开关	5			
	通电复印测试	5			
总　分		100			

模块三 Module 3 传真机的使用与维护

传真机是现代通信的主要工具之一。作为一种新型的通信终端设备，传真机能直观、准确地再现真迹，并能传送不易用文字表达的图表和照片，操作简便，具有电报、电话等设备不可比拟的特点。目前，传真机已广泛用于传真照片、气象云图、设计蓝图、文件资料和新闻报刊等各个方面，成为政府机关、工业、交通、军事、气象和商业等部门办公室的必要现代化设备。掌握传真机的使用与维护是每名办公人员必须掌握的技能。本模块主要介绍传真机的使用与维护。

任务一 用传真机发送文档

Task 1

训练目标

能熟练使用传真机发送文档。

任务情境

小邹是致远航运公司的办公室文员。一天，公司经理让他传真一份公司的业务资料给合作企业。公司所用的传真机是松下 KX-FL328CN，小邹应该如何完成传真任务？

操作步骤

步骤1　将文稿引导板的宽度调节至适合文稿的实际尺寸，如图3-1所示。

步骤2　将文稿正面朝下向下插入传真机（最多15页），直到传真机抓住文稿并发出一次“哔”声为止，如3-2所示。

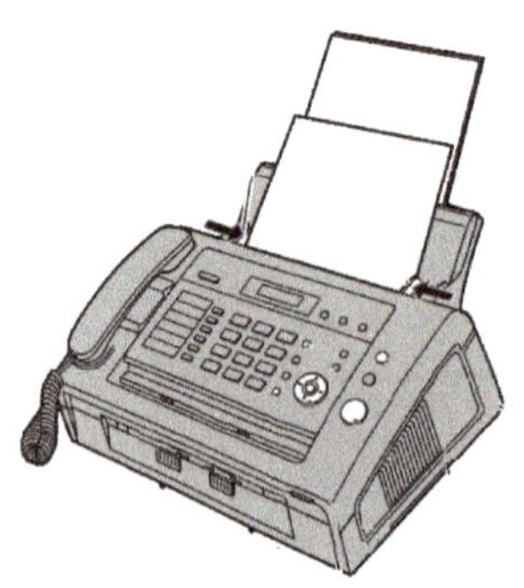
图3-1　调整文稿引导板

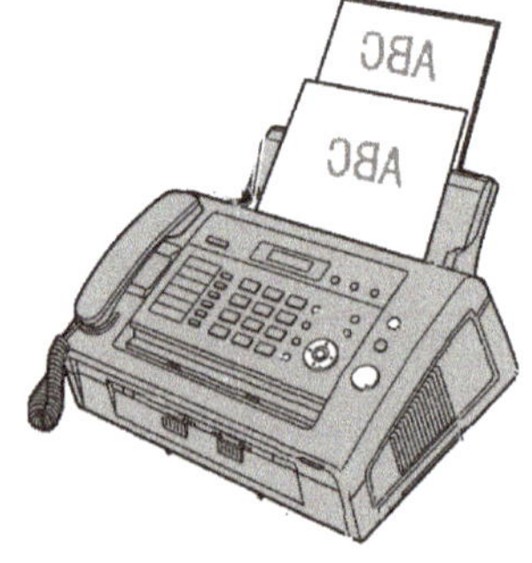

图3-2　放置文稿

步骤3　根据文稿类型，按“+”或“−”键选择需要的清晰度，如图3-3所示。

如果选择“标准”：则用于标准文字大小的印刷或打印文稿。

如果选择“精细”：则用于文字较小的文稿。

如果选择“超精细”：则用于文字非常小的文稿。

如果选择“照片”：则用于带有照片、阴影图画等的文稿。

如果选择“图文”（带文字的照片）：则用于包含照片和文字的文稿。

在使用“精细”、“超精细”、“照片”和“图文”设定时，将增加传送时间。在送纸过程中改变清晰度设定，将从下一页开始生效。

步骤4　按“监听”键或提起话筒，如图3-4所示。

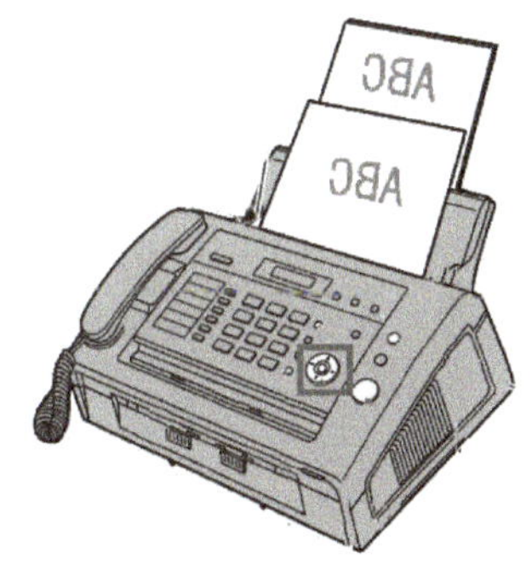

图3-3　设置清晰度

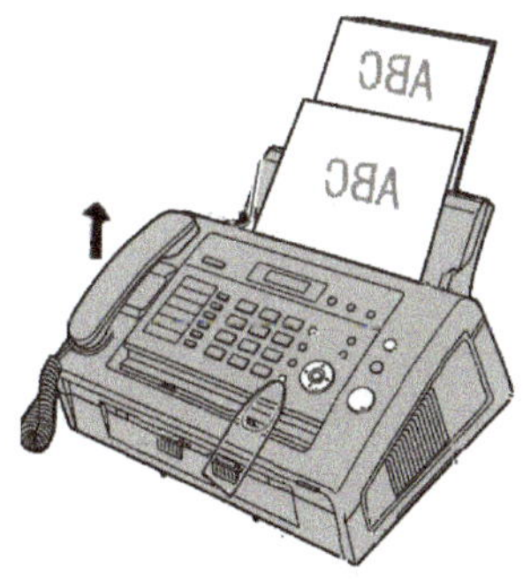

图3-4　按“监听”键或提起话筒

步骤5　拨打传真号码，如图3-5所示。

步骤6　传真信号到来时，启动传真操作，如图3-6所示。

如果听到传真音时，则按“开始”键，启动传真操作。

如果对方应答你的来电时，则拿起话筒并请求对方给自己一个传真信号（听到传真音），然后按“开始”键，启动传真操作。可以放回话筒。

步骤7　按“停止”键，停止发送，如图3-7所示。

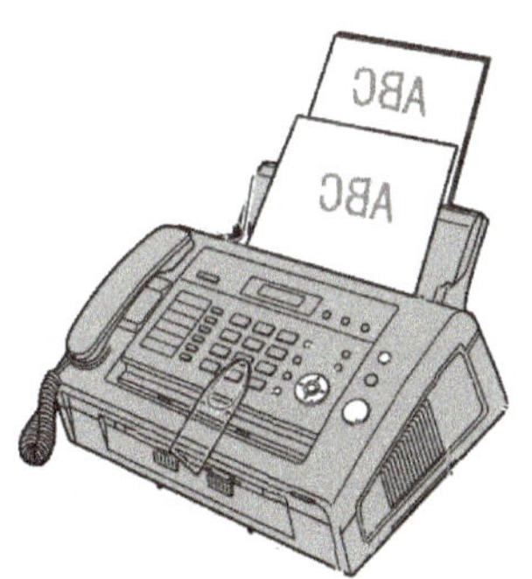

图3-5　拨打传真号码

图3-6　启动传真操作

图3-7　停止发送

拓展阅读

传真机（图 3-8）将需要发送的原件按照规定的顺序通过光学扫描系统分解成许多微小单元（称为像素），然后将这些微小单元的亮度信息由光电变换器件顺序转变成电信号，经放大、编码或调制后送至信道。接收机将收到的信号放大、解码或解调后，按照与发送机相同的扫描速度和顺序，以记录形式复制出原件的副本。

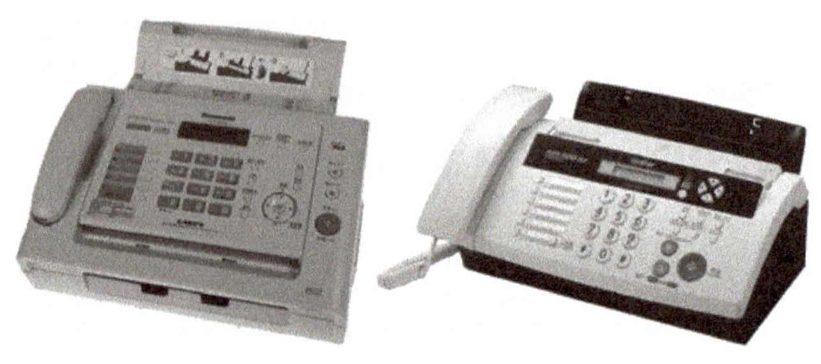

图3-8 传真机

市场上常见的传真机可以分为 4 类：热敏纸传真机（也称为卷筒纸传真机）、激光式普通纸传真机（也称为激光一体机）、喷墨式普通纸传真机（也称为喷墨一体机）、热转印式普通纸传真机。

1. 热敏纸传真机：热敏纸传真机是通过热敏打印头将打印介质上的热敏材料熔化变色，生成所需的文字和图形。热转印从热敏技术发展而来，它通过加热转印色带，使涂敷于色带上的墨转印到纸上形成图像。最常见的传真机中应用了热敏打印方式。

2. 激光式普通纸传真机：激光式普通纸传真机是利用碳粉附着在纸上而成像的一种传真机，其工作原理主要是利用机体内控制激光束的一个硒鼓，凭借控制激光束的开启和关闭，从而在硒鼓产生带电荷的图像区。此时，传真机内部的碳粉会受到电荷的吸引而附着在纸上，形成文字或图像图形。

3. 喷墨式普通纸传真机：喷墨式传真机的工作原理与点矩阵式列印相似，是由步进电动机带动喷墨头左右移动，把从喷墨头中喷出的墨水依序喷布在普通纸上完成列印的工作。

4. 热转印式普通纸传真机：热转印式普通纸传真机的成像原理是与针式打印机的原理相类似，用热敏头通过感热色带将文档打印到普通的纸上。

巩固训练

一天，公司总经理安排小邹用公司的松下 KX-FL328CN 传真机，传真一份公司航运的报价单给客户。报价单是 A4 纸，黑白双面打印，共 20 张。请根据自己掌握的技能，完成传真任务。

职业技能鉴定指导

一、知识技能复习要点

1. 了解常用传真机的类型。
2. 了解常用传真机的工作特点。
3. 掌握用传真机发送文档的方法和技巧。

二、模拟训练

（一）填空

1. 市场上常见的传真机可以分为四大类，分别是__________、__________、__________和__________。

2. 常见的传真机品牌有（列举四种）__________、__________、__________、__________。

（二）选择

1. 包含照片和文字的文稿，在传真时应选择的清晰度为（　）。

A．照片　　B．精细　　C．图文

2. 标准文字大小的印刷或打印文稿，在传真时应选择的清晰度为（　）。

A．超精细　　B．标准　　C．图文

三、技能实训

小王是耀华装饰有限责任公司的文员。一天，公司经理安装她将一份装修设计方案传真给一个客户。请利用松下 KX-FL328CN 传真机完成。

任务评价

任务实施评价表

评价项目	评价关键点		配分	自评分	互评分	教师评分
使用传真机	调节文稿引导板		15			
	放置文稿		15			
	设置清晰度		30			
	拨打传真号码		10			
	处理回应方式	自动接收处理	15			
		手动接收处理	15			
总　分			100			

任务二 用传真机接收文档

训练目标

能熟练使用传真机接收文档。

任务情境 1

小邹的所在公司近期业务很多，公司经理叮嘱小邹注意接收合作企业发过来的传真。经理让她将传真设定自动接收，以防漏掉重要的传真。公司所用的传真机是松下 KX-FL328CN，小邹应该如何完成自动接收传真的任务？

操作步骤

反复按“自动接收”键，如图 3-9 所示。直到显示信息“传真方式”，并且“自动接收”指示灯点亮。

当收到来电时，本机将自动应答所有来电，但是仅接收传真文稿。

此设置一般用于没人在现场，或者想让本机仅用来接收传真。

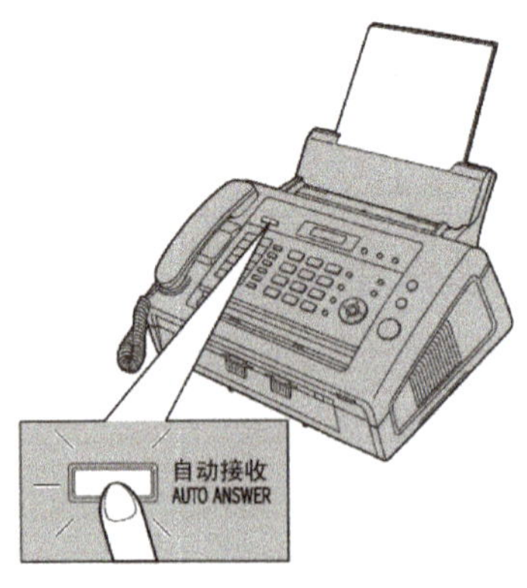

图3-9　按“自动接收”键

任务情境 2

小邹发现，传真机设为自动应答后，打印了很多无用的广告信息，她将这种情况向公司的经理作了汇报。公司经理指示她将传真机设为手动接收方式，避免接收无用的传真，并让小邹注意传过来的传真，对于有用的传真要及时接收。小邹应该如何完成手动接收传真的任务？

操作步骤

步骤1　将传真机设定“电话”模式。

按键盘上的“#”→“7”→“3”键，设定传真机为“电话”模式。

步骤2　反复按“自动接收”键，如图3-10所示。

直到显示信息“传真方式”，并且“自动接收”指示灯灭。

步骤3　拿起话筒，连接对方。

拿起话筒应答来电。当需要接收文稿时，听到传真呼叫音(慢“哔”声)或无声时，按“开始”键，如图3-11所示。

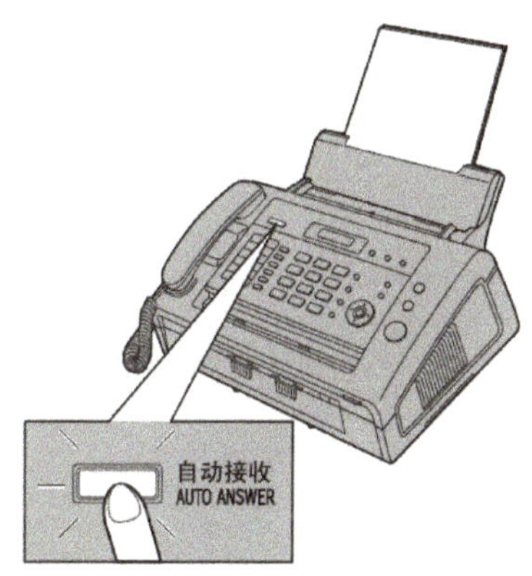

图3-10　按“自动接收”键

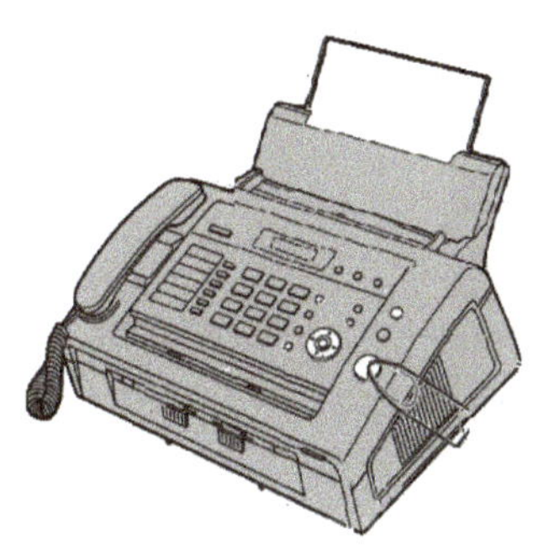

图3-11　按“开始”键，准备接收

步骤4　放下话筒，接收传真。

拓展阅读

一、传置传真机为“电话/传真”模式

按键盘上的“#”→“7”→“3”键，设定传真机为“电话/传真”模式。反复按“自动接收”键，直到屏幕显示“电话/传真方式”的信息，此时“自动接收”指示灯熄灭，如图3-12所示。

图3-12 设置“电话/传真”模式

当启动“电话/传真”方式时，则：

1. 如果来电是电话，本机将振铃。

2. 如果检测到传真呼叫音，本机将自动接收传真而不振铃。

此设置用于自己应答电话，并且自动接收传真而不振铃。

二、设置振铃音量

在传真机空闲时，按“+”或“–”调整音量的大小。如果文稿入口处有任何文稿，将不能调节音量。

三、设置话筒听筒音量

使用话筒时，按“+”或“–”调整音量的大小。

巩固训练

一天，公司经理安排小邹接收一份8页A4纸的商业合同，并要求她手动接收。请根据自己掌握的技能，完成接收传真的任务。

职业技能鉴定指导

一、知识技能复习要点

1. 了解传真机的操作过程。
2. 掌握传真机接收传真的方法和技巧。
3. 掌握传真机三种接收模式的设定。

二、模拟训练

（一）填空

1. 传真机有 ____________、____________、____________ 三种接收模式。

2. 传真专用方式用于 __________ 场合，或想让本机仅用来 __________ 传真。

（二）选择

1. 要求自己应答电话，并且自动接收传真而不振铃是（　）。

A．自动接收方式　　B．手动接收方式　　C．电话/传真方式

2. 传真机三种接收模式中，（　）“自动接收”指示灯点亮。

A．自动接收模式　　B．手动接收模式　　C．电话/传真模式

三、技能实训

小王是荣兴塑料有限公司总经理的秘书。一天，总经理安排她用传真机手动接收一份商业合同。请利用松下 KX-FL328CN 传真机完成。

项目评价

项目实施评价表

评价项目	评价关键点	配分	自评分	互评分	教师评分
传真机接收方式设定	按键盘设定手动接收模式	20			
	关闭自动接收模式	20			
	放入纸张	20			
传真的接收	接收传真	20			
	整理打印出的传真	20			
总　分		100			

任务三 传真机的保养及常见故障排除

Task 3

训练目标

1. 能熟练进行传真机的保养。
2. 能熟练排除传真机的常见故障。

任务情境 1

小邹的所在公司近期业务很多，传真机使用很频繁。公司经理叮嘱小邹注意将传真机维护好，保证公司业务的正常开展。她需要从哪些方面对打印机进行保养？

保养操作

一、注意防水、防潮、防直晒、防雷电

传真机要避免受到阳光直射、热辐射及强磁场、潮湿、灰尘多的环境，或是接近空调、暖气机等容易被水溅到的地方。

防止水或化学液体流入传真机，以免损坏电子线路及器件。

为了安全，在遇有闪电、雷雨时，传真机应暂停使用，并且要拔去电源及电话线，以免雷击造成传真机的损坏。

二、与其他物品保持距离

在放置位置上，将其放置在室内的平台上，左右保持 30cm 的距离，以方便原稿与记录纸的输出操作。

三、避免频繁开关机

避免频繁开关机，因为每次开关机都会使传真机的电子元器件发生冷热变化，而频繁的冷热变化容易导致机内元器件提前老化，每次开机的冲击电流也会缩短传真机的使用寿命。

四、传真时，不要打开纸卷上面的合纸仓盖

传真机在打印过程中，不要打开纸卷上面的合纸仓盖，如果真的需要必须先按停止键以避免危险。同时，打开或关闭合纸舱盖的动作不宜过猛，因为传真机的感热记录头大多

装在纸仓盖的下面，合上纸仓盖时动作过猛，轻则会使纸仓盖变形，重则会造成感热记录头的破裂和损坏。

五、使用规定的传真纸

传真纸张的选择十分重要，按照传真机说明书，使用推荐的传真纸。劣质传真纸的光洁度不够，容易损坏感热记录头和输纸辊。记录纸上的化学染料配方不合理，会造成打印质量不佳，保存时间短。记录纸不要长期暴露在阳光或紫外线下，以免记录纸逐渐褪色，造成接收的文件不清晰。

六、每半年进行传真机内、外部的清洗

经常使用柔软的干布清洁传真机，保持传真机外部清洁。

对于传真机内部，除了每半年将合纸仓盖打开，使用干净柔软的布或使用纱布沾酒精擦拭打印头外，还有滚筒与扫描仪等部分需要清洁保养。因为经过一段时间使用后，原稿滚筒及扫描仪上会逐渐累积灰尘，最好每半年清洁保养一次。当擦拭原稿滚筒时，同样必须使用清洁的软布或沾酒精的纱布，需要小心的是不要将酒精滴入机器中。而扫描仪的部分（如 CCD、CIS 及感热记录头）就比较麻烦，因为这个部分在传真机的内部，所以需要使用工具。一般来说，用一种清理工具沾了酒精以后，由走纸口送入传真机，进行复印功能时，就可以清洁扫描仪玻璃上的灰尘。切不可直接用手或不干净的布、纸去擦拭。

任务情境 2

小邹在传真时，被告之对方收到的传真文稿上有黑白线（出现污迹），内容不清晰等现象。小邹应该如何处理？

操作步骤

步骤1　分析故障原因。

在确认对方的传真机没任何问题的情况下，传真文稿上有黑白线（出现污迹），内容不清晰等现象，表明己方的传真机内部已污染，需要进行清洁。

步骤2　解决故障。

1. 断开电源线和电话线。

2. 取下话筒和文稿支架。

3. 抓住右侧上带有凸点的区域“2”，抬起前盖“1”，如图 3-13 所示。

4. 使用蘸有异丙基外用酒精的布清洁文稿分离滚筒“1”，然后让所有部件完全干燥，如图 3-14 所示。

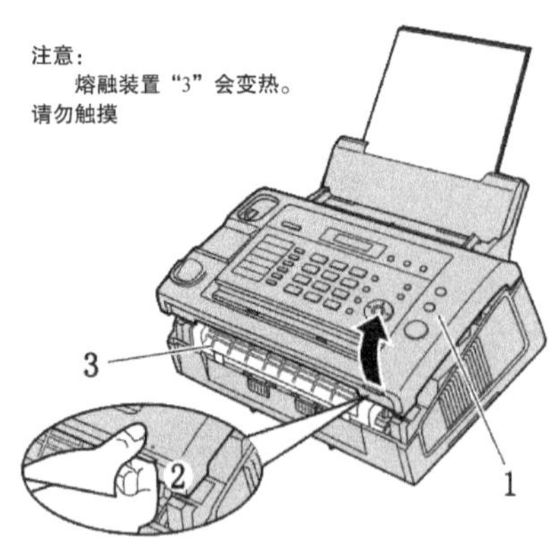

图3-13　抬起前盖

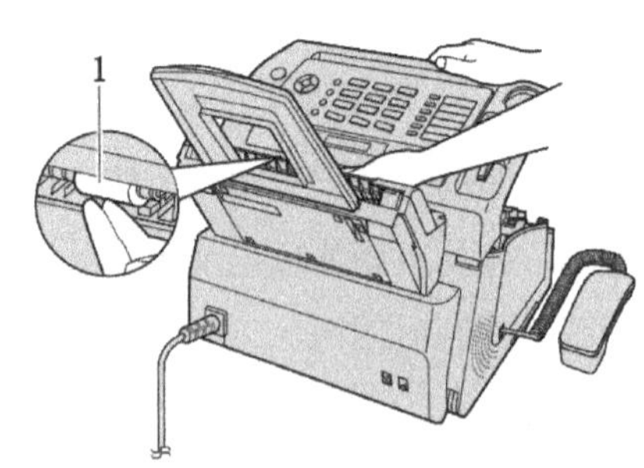

图3-14　清洁文稿分离滚筒

5．拉开内盖“1”，如图3-15所示。

在拉开内盖的过程中，不要触摸转印滚筒“2”，如图3-16所示。

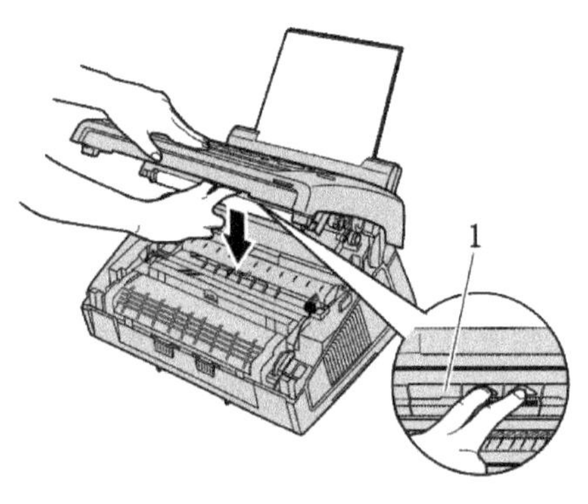

图3-15　拉开内盖

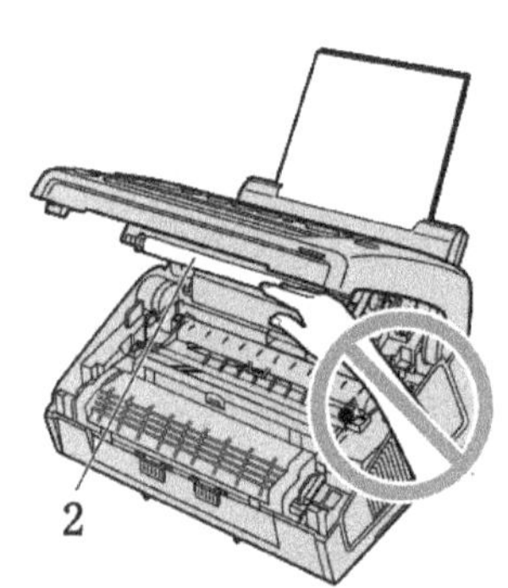

图3-16　避免触摸转印滚筒

6．使用蘸有异丙基外用酒精的布清洁送稿器滚筒“1”，然后让所有部件完全干燥。用柔软的干布清洁上部玻璃“2”，如图3-17所示。

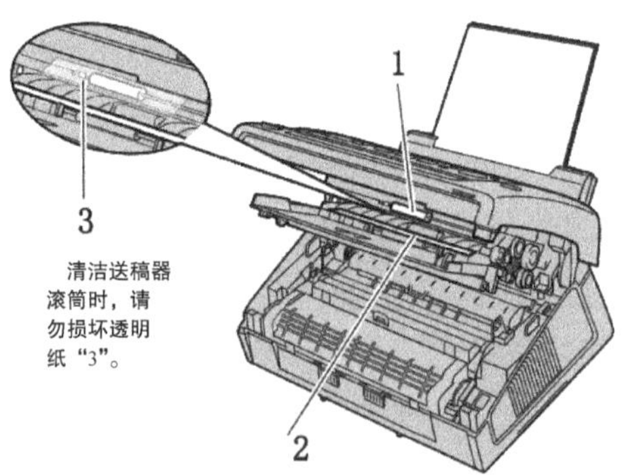

图3-17　清洁送稿器滚筒

7．推回内盖。

8．抓住两端的引片，取出硒鼓和墨盒“1”，如图3-18所示。

9．用柔软的干布清洁下部玻璃“1”，如图 3-19 所示。

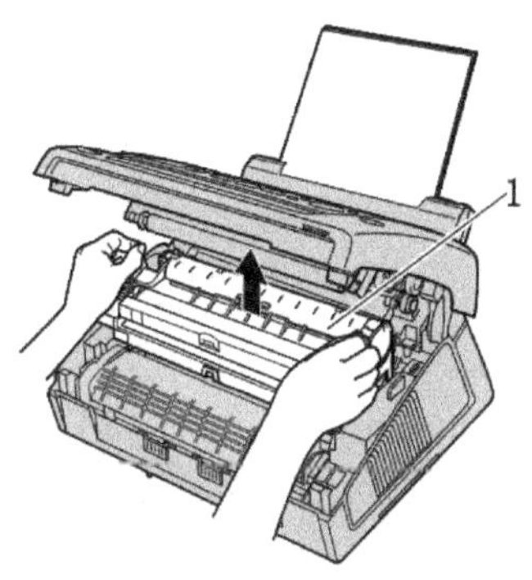

图3-18　取出硒鼓和墨盒

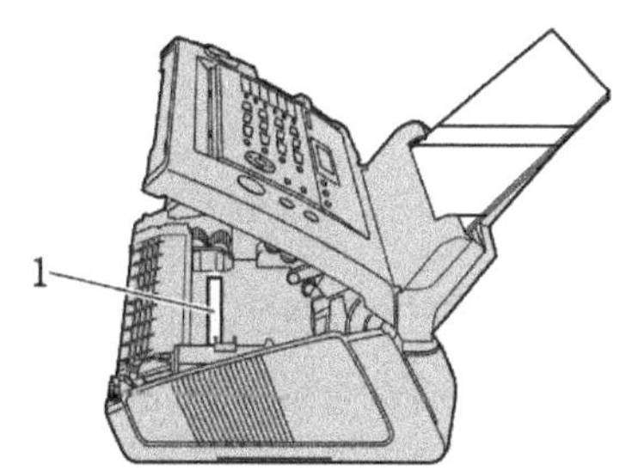

图3-19　清洁下部玻璃

10．抓住引片，重新安装硒鼓和墨盒“1”，如图 3-20 所示。

为正确安装硒鼓和墨盒，应确保对准三角形“2”，如图 3-21 所示。

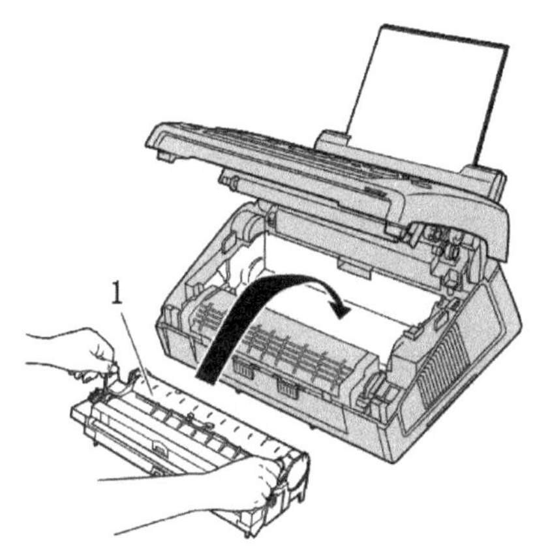

图3-20　安装硒鼓和墨盒

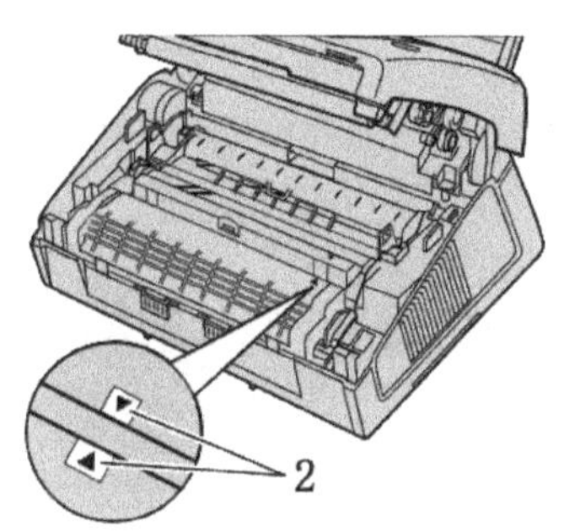

图3-21　对准三角形

11．同时按下前盖“1”的两端直到完全到位，关好前盖，如图 3-22 所示。

12．将话筒放在基座上并安装文稿支架。

13．重新连接电源线和电话线。

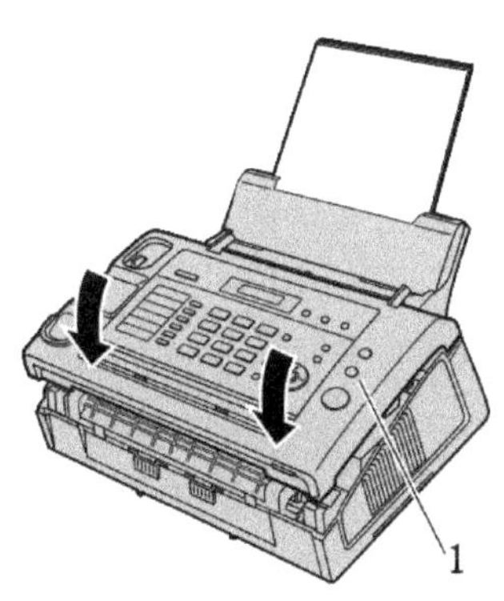

图3-22　关好前盖

任务情境 3

小邹在发传真时，发现传真机出现“咔哒咔哒”的响声，文稿没有出来。小邹应该如何处理？

操作步骤

步骤1 分析故障原因。

传机机在出现“咔哒咔哒”的响声，文稿没有出来，说明传真机卡纸了，需要将被卡的纸张取出。

步骤2 解决故障。

1. 断开传真机电源。
2. 取下话筒和文稿支架。
3. 抓住右侧上带有凸点的区域“2”，抬起前盖“1”，如图 3-23 所示。
4. 拉开内盖“1”，如图 3-24 所示。

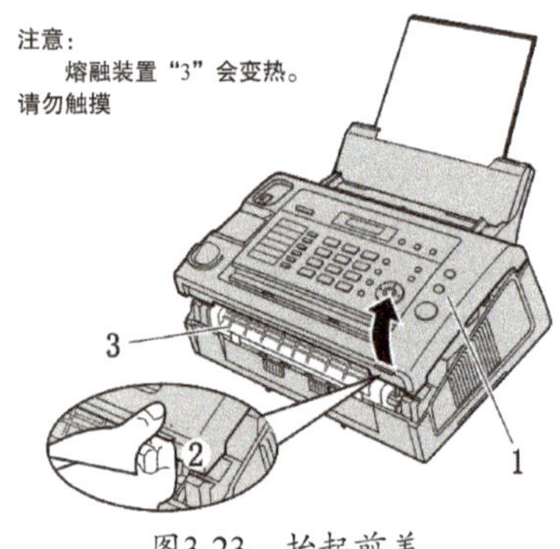

图3-23 抬起前盖

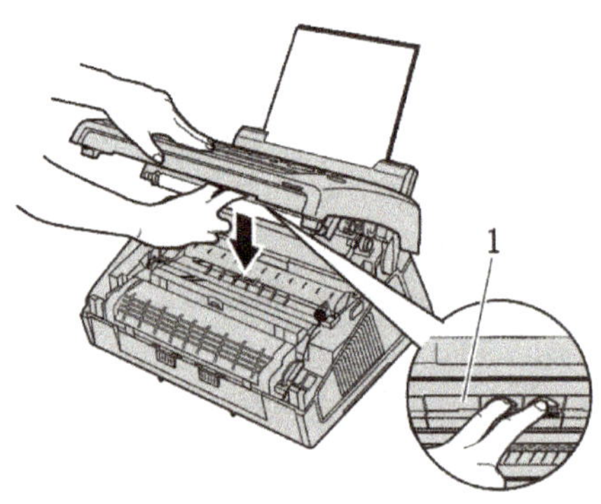

图3-24 拉开内盖

5. 小心地取出卡住的文稿，如图 3-25 所示。
6. 推回内盖。
7. 同时按下前盖“1”的两端直到完全到位，关好前盖，如图 3-26 所示。

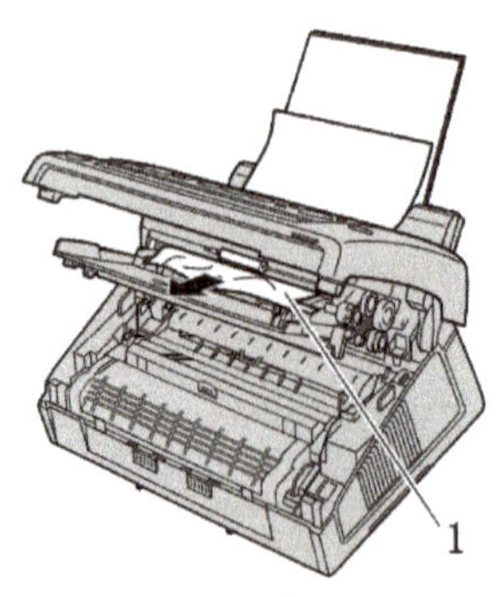

图3-25 取出卡住的文稿

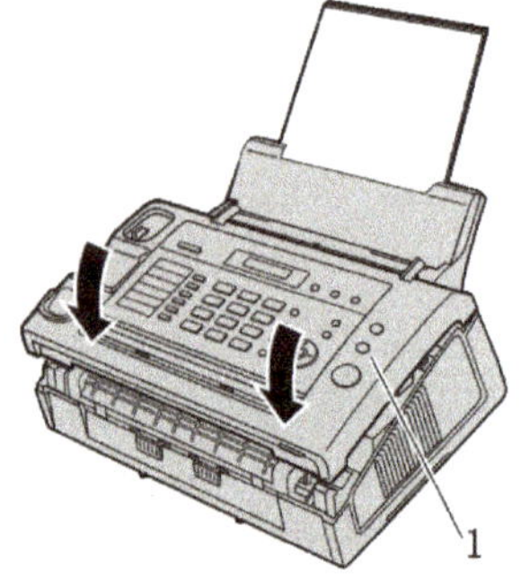

图3-26 关好前盖

8. 将话筒放在基座上并安装文稿支架。

拓展阅读

传真机使用注意事项

1. 不要使用非标准的传真纸。劣质的传真纸光洁度不够，使用时会对感热记录头和输纸辊造成磨损。记录纸上的化学染料配方不合理，会造成印字质量不佳，保存时间变短。

2. 不要随意更换电源线。传真机原机所带电源线的插头都是三针式插头，中间一针起保护接地作用。若将其拔掉或改用两针插头，则不安全。

3. 合上纸仓盖的动作不宜过猛。传真机的感热记录头大多装在纸仓盖的下面，合上纸仓盖时动作过猛，轻则会使纸仓盖变形，重则会造成感热记录头的破裂和损坏。

4. 有装订针、大头针之类硬物的图文资料，以及墨迹或胶水未干的稿件不宜发送。这是因为上述硬物容易划伤扫描玻璃或其他装置，引起传真机故障。稿件上的墨迹或未干的胶水则易弄脏扫描玻璃，造成传真机发送质量下降。

5. 不要频繁地开机。这是因为每次开关机都会使机内的电子元器件发生冷热变化，而频繁的冷热变化容易导致机内元器件提前老化，每次开机的冲击电流也会缩短传真机的使用寿命。经常保持通电其实是传真机最好的保养方法。

6. 传真机周围不要有大功率的用电设备，不宜在高温、强磁、强腐蚀性气体的环境中使用。高温、强腐蚀性气体不但会影响传真机记录纸的印字质量，而且会对电子线路造成不良影响或毁坏。强磁场不仅会干扰通话，还会使传送的图像失真。

7. 不要把传真机当做复印机来使用，重要资料要用静电复印机复印后保存。传真机完成复印功能的主要部件是感热记录头，它是传真机最重要的部件之一，靠自身发热工作，因此应尽量减少其工作时间，以延长传真机的使用寿命。另外，传真纸记录的文件不宜长期保存。这是因为传真纸上的化学染料不稳定，时间长了或受阳光照射后，传真纸上的字会逐渐褪色。因此，对于重要的、需要长期保存的文件，一定要用静电复印机复印一份长期保存。

8. 应避免灰尘进入传真机，一旦尘土进入传真机的光学扫描系统，会影响传真机发送和复印的质量。

巩固训练

小邹在在接收传真时，发现传真机的显示屏中显示“卡纸”信息。经判断是传真纸在硒鼓和墨盒附近被卡住。请根据自己掌握的技能，完成接收传真的任务。

职业技能鉴定指导

一、知识技能复习要点

1. 掌握传真机的保养方法。

2. 掌握传真机常见故障判断及排除的方法和技巧。

二、模拟训练

（一）填空

1. 传真机需放置在 ________________________ 的环境。

2. ____________ 其实是传真机最好的保养方法。

（二）选择

1. 传真机发生了卡纸故障。在取纸时，需不需要关闭传真机电源（　）。

A．需要　　B．不需要　　C．都可以

2. 传真机经常发生原稿走纸不顺的情况。当需要清洁传真机内部时，需不需要关闭传真机电源（　）。

A．需要　　B．不需要　　C．都可以

三、技能实训

公司员工小华在文印室使用传真机传送文件，传送到一半时，发现传真机卡机了（记录纸在记录纸出口附近卡住）。请根据自己所学的技能，完成故障的排除。

任务评价

任务实施评价表

评价项目	评价关键点	配分	自评分	互评分	教师评分
关闭传真机	关闭传真机电源	10			
	等待传真机完全停止工作	10			
取出卡住的纸张	打开传真机前盖	10			
	取出硒鼓和墨盒	10			
	按正确方向轻轻取出卡住的纸张	20			
	安装硒鼓和墨盒	10			
	复位其余部件	10			
通电测试	打开传真机电源	10			
	进行传真	10			
总　分		100			

模块四 Module 4 扫描仪的使用与维护

扫描仪是通过捕获图像并将之转换成计算机可以显示、编辑、存储和输出的数字化输入设备。扫描仪可以对照片、文本页面、图纸、美术图画、照相底片、菲林软片，甚至纺织品、标牌面板、印制板样品等三维对象进行扫描，它通过扫描将原始的线条、图形、文字、照片、平面实物转换成可以编辑的文件。在日常办公时，利用扫描仪可以快速地将实物文档和晒出来的照片等扫描进计算机进行再处理或保存成电子文档。掌握扫描仪的使用与维护是每名办公人员必须掌握的技能。本模块主要介绍扫描仪的使用与维护。

任务一 用扫描仪扫描文档

训练目标

能用扫描仪扫描文档。

任务情境

小周是置德物联网有限责任公司的办公室文员。公司中很多资料、文件需要长期保存，但因为是纸质的，时间长了容易霉烂，需要用扫描仪将重要文档扫描保存在计算机里。公司的扫描仪是中晶 MICROTEK Phantom V6 平板扫描仪，小周应该如何完成扫描任务？

操作步骤

步骤1　打开扫描仪面板，将要扫描的文档放置在扫描仪扫描区内，如图4-1所示。

步骤2　文件摆放好后，盖上扫描仪面板，如图4-2所示。

步骤3　从开始菜单中，选择“所有程序”→“Microtek ScanWizard EZ for Windows”→“ScanWizard EZ”命令，如图4-3所示。

图4-1　放置扫描文件

图4-2　盖上扫描仪

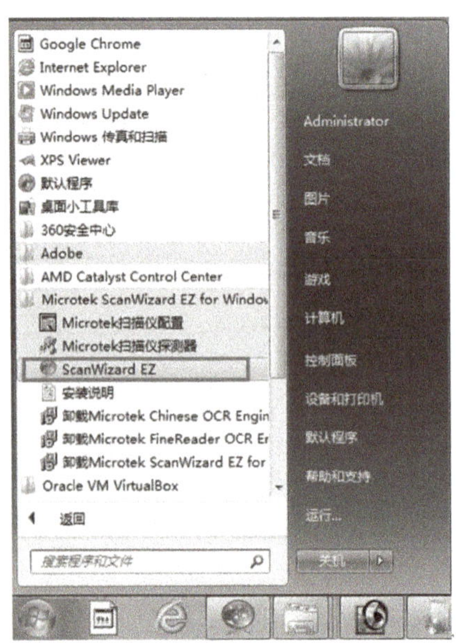

图4-3　打开扫描软件

步骤4　打开扫描软件后，默认进入到简易模式，单击“专业模式”按钮进入软件主界面，如图4-4所示。

图4-4　切换到专业模式

步骤5　在专业面板主界面，单击“预览”按钮进行文档扫描前预览，以便进行调整，虚线内为扫描范围，如图4-5所示。

图4-5　对文档进行预览

注释：专业面板左边为工具栏，可对要扫描的文件进行分辨率、色彩等调整；如果要扫描的文件在虚线框外，可单击专业面板下的“框选”按钮，然后通过拖动虚线框边线句柄的方式进行调整。

步骤6　预览后，如果要扫描的文件都在扫描范围（虚线框）内，单击“Scan to”按钮进行扫描，如图4-6所示。

图4-6　扫描按钮

步骤7　选择扫描文件保存的位置、名称和保存类型，单击“保存”按钮即可开始扫描，如图4-7所示。

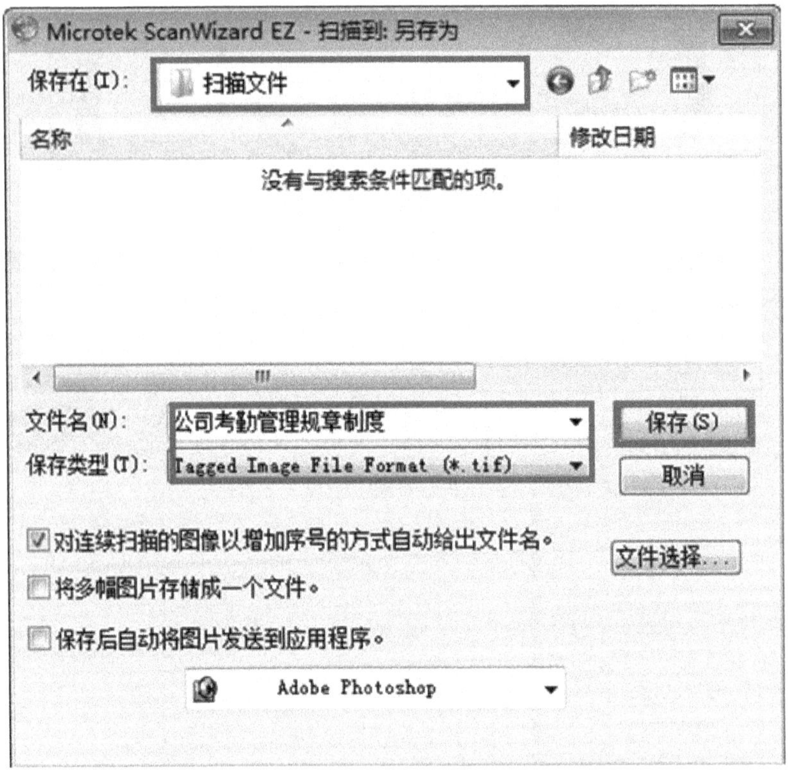

图4-7　保存扫描文件

扫描仪扫描后保存的文件，默认的格式为tif格式。如要修改保存的格式，可以在“保存类型（T）”中进行修改。

步骤8　开始扫描文件，如图4-8所示。

图4-8　扫描进程

步骤9　扫描完成后，可在步骤7保存的位置查看到扫描好的文件，如图4-9所示。

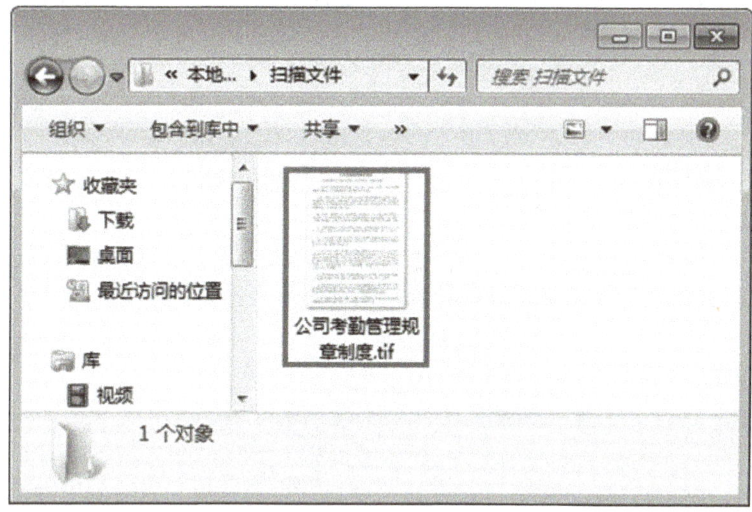

图4-9　完成扫描

拓展阅读

一、认识扫描仪

扫描仪（图 4-10）是计算机的输入设备之一，是利用光电技术和数字处理技术，以扫描方式将图形或图像信息转换为数字信号的装置。衡量扫描仪的技术指标有 5 项：分辨率、灰度级、色彩数、扫描速度和扫描幅面。扫描仪分为笔式、便携式、滚筒式三大类，日常办公中常用的是滚筒式扫描仪。

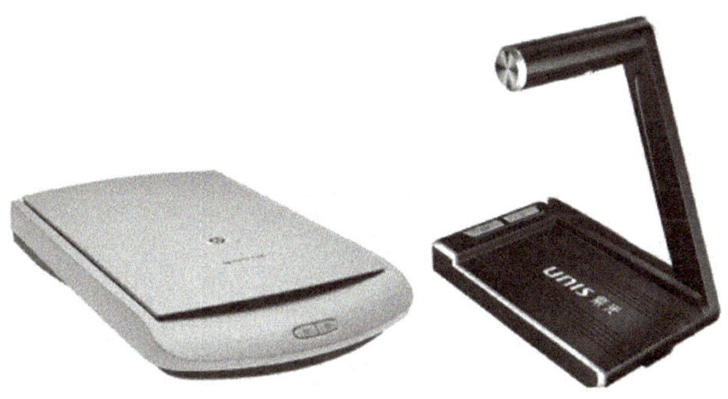

图4-10　扫描仪

二、扫描仪的品牌

目前，扫描仪的品牌比较多，常见品牌有佳能、中晶科技、清华紫光、明基、惠普、方正、爱普生、汉王、虹光、富士通等。

如果从事的是绘图工作，特别是对图片的色彩要求比较高的话，可以考虑以下品牌：爱普生、惠普、佳能、明基。如果对色彩要求不高，可以考虑以下品牌：紫光（清华紫光）、明基、中晶、汉王。

巩固训练

公司经理要小周把上级部门传真下来的通知文件录入计算机中并保存为可编辑的文字文档，方便日后查找。请你根据掌握的技能，完成纸质文件的扫描工作。

职业技能鉴定指导

一、知识技能复习要点

1. 了解常用扫描仪的类型。
2. 掌握用扫描仪对文件资料进行扫描操作的方法和技巧。

二、模拟训练

（一）填空

1. 扫描仪属于计算机的 ____________ 设备。

2. 扫描仪主要分为 ____________、____________、____________ 三大类。

3. 扫描仪是利用 ____________ 技术和 ____________ 技术，以扫描方式将图形或图像信息转换为数字信号的装置。

（二）选择

1. 衡量扫描仪的技术指标有 5 项：灰度级、色彩数、扫描速度、扫描幅面和（　　）。

A．刷新率　　B．辨识度　　C．分辨率

2. 扫描仪扫描的文件默认保存为（　　）图片格式。

A．jpg　　B．tif　　C．png

3.（　　）扫描仪在日常办公中常用。

A．笔式　　B．便携式　　C．滚筒式

三、技能实训

由于公司要完善人事资料，公司人员都上交了个人资料到办公室。公司经理要求小周把上交的个人资料扫描到计算机中保存。公司的扫描仪是中晶 MICROTEK Phantom V6 平板扫描仪，请利用扫描仪完成操作。

任务评价

任务实施评价表

评价项目	评价关键点	配分	自评分	互评分	教师评分
启动扫描仪	连接扫描仪的电源和数据线	5			
	等待扫描仪启动后预热	5			
	放置纸张	5			
使用扫描仪扫描文件	打开扫描软件	5			
	切换专业扫描模式	10			
	对扫描文件进行预览	10			
	调整扫描选项	10			
	设置纸张的尺寸	10			
	选择保存路径、输入名称	10			
	完成扫描	5			
关闭扫描仪	整理扫描稿	15			
	关闭软件	5			
	收纳扫描仪的线缆	5			
总　分		100			

任务二 用 OCR 软件识别文档

Task 2

训练目标

能用 OCR 软件对文档进行文字识别。

任务情境

一天，公司经理安排小周将合作企业发过来的一份图片材料转换为 Word 文档，并进行编辑。小周的计算机上安装了尚书 OCR7.5 软件，她该如何完成这项任务？

操作步骤

步骤1　从开始菜单中，选择“所有程序”→“尚书OCR7.5 ”→“尚书OCR7.5”命令，打开软件，如图4-11所示。

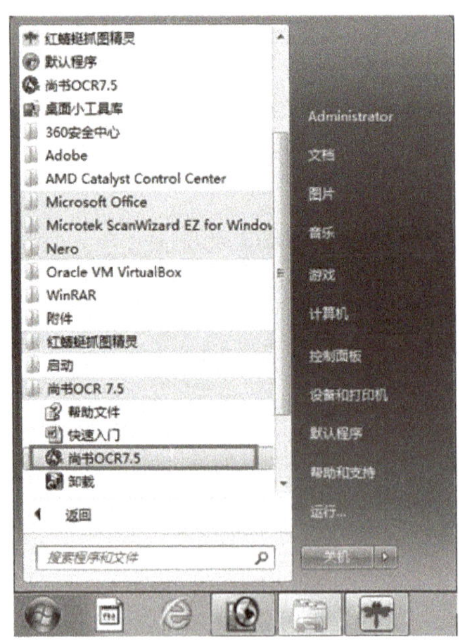

图4-11　打开软件

步骤2　打开“尚书OCR 7.5”后，选择“文件”→“打开图像”命令，打开要进行识

别的图片，如图4-12所示。

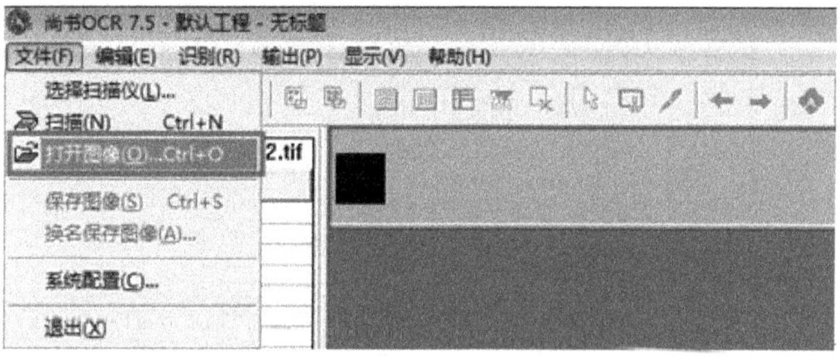

图4-12　打开图像文件

步骤3　在“打开图像文件”对话框中，选择要识别的文件，单击“打开”按钮，如图4-13所示。

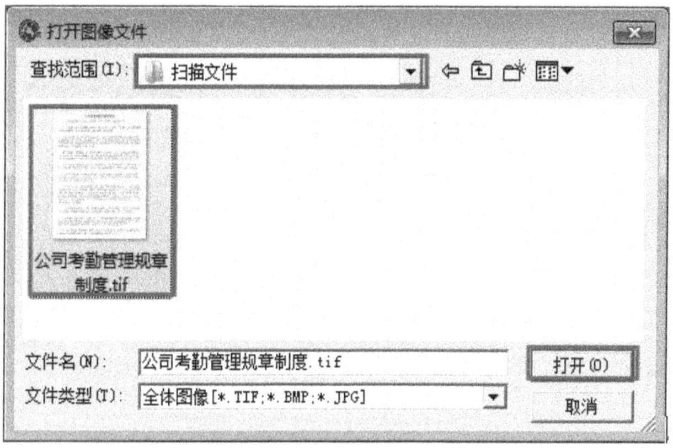

图4-13　选择图像文件

步骤4　选择打开的文件，选择“识别”→“版面分析”命令，对文件进行分析，如图4-14所示。

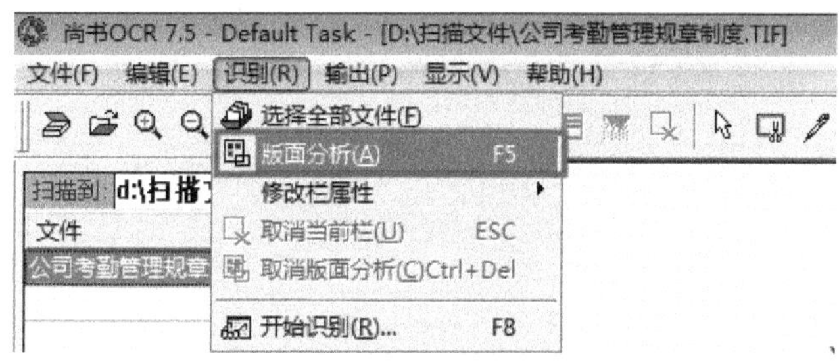

图4-14　版面分析

对某些区域的不需要识别的文字，单击选框后，按键盘上的“Delete”键删除，软件只对选框内的文字进行识别，如图 4-15 所示。

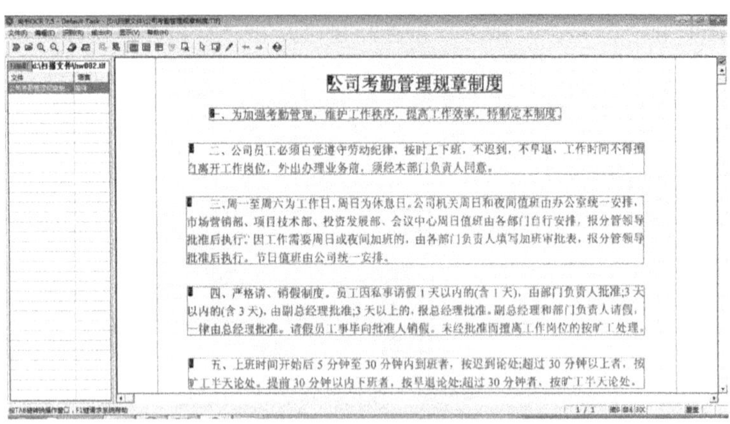

图4-15　版面分析结果

步骤5　分析完成后，选择“识别”→“开始识别”命令，软件即开始对文件进行文字识别，如图4-16所示。

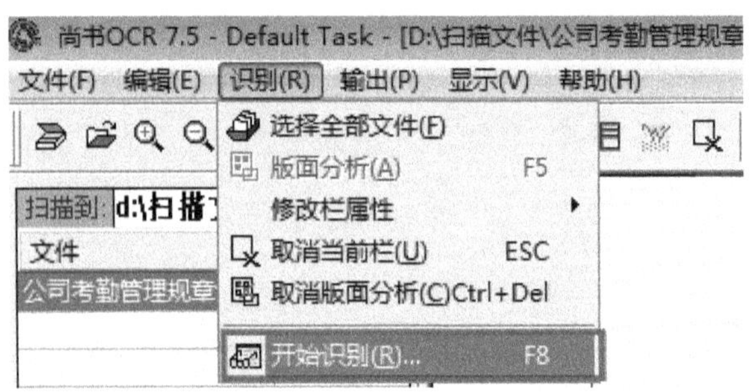

图4-16　开始识别文字

图 4-17 为识别后的效果，上面部分为识别后的文字区域，下面为源文件区域，如有个别文字识别错误，单击文字区域的错误字直接修改即可。

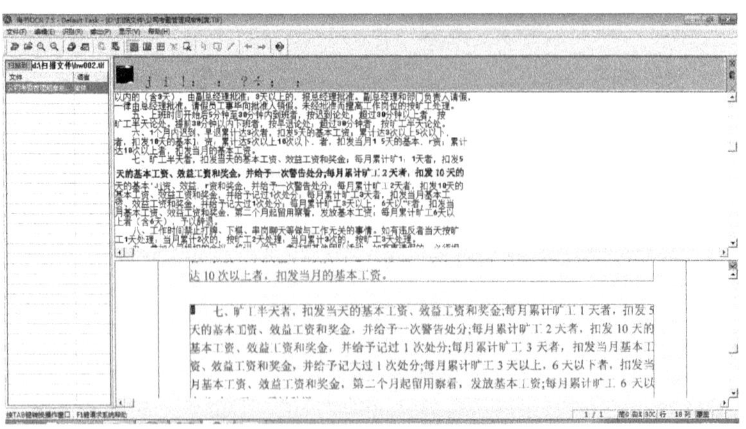

图4-17　文字识别结果

步骤6　确认文字识别无误后，选择“输出”→“到指定格式文件”命令，输出文字到指定的格式，如图4-18所示。

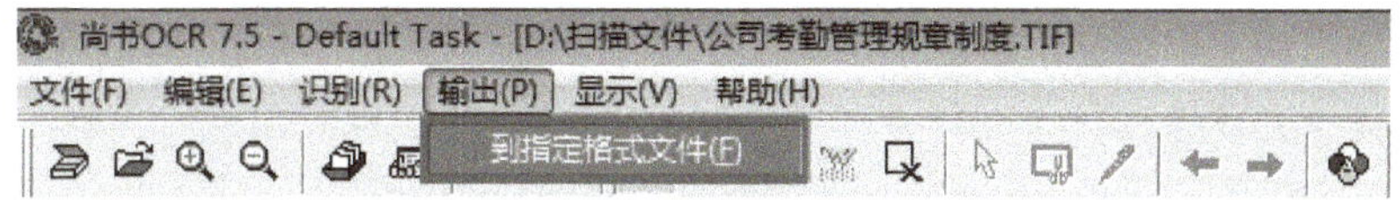

图4-18　输出文字到指定的格式

步骤7　在“保存识别结果”对话框中选择保存路径、文件名称和类型后，单击“保存”按钮即可完成文字识别操作，如图4-19所示。

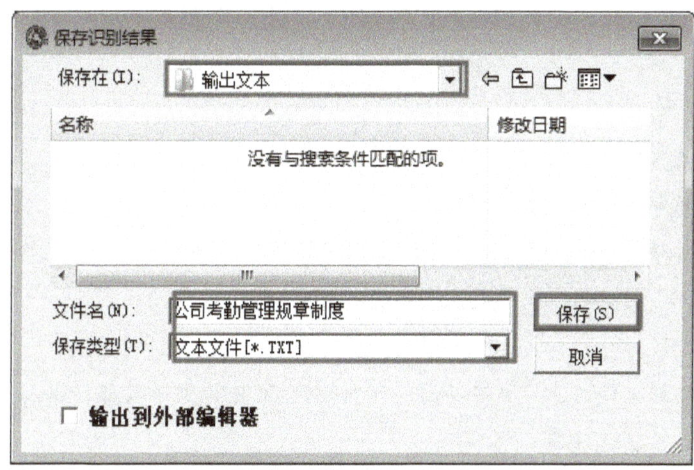

图4-19　保存文字识别结果

拓展阅读

图片上的文字不能复制、编辑，这是一件令人非常郁闷的事情。很多工作上的需求，需要把图片文字转换成Word文档或其他可编辑的文本。一般人都会按照图片内容手动录入，但这种方式的效率比较低。

OCR（Optical Character Recognition，光学字符识别）是指电子设备（例如扫描仪或数码相机）检查纸上打印的字符，通过检测暗、亮的模式确定其形状，然后用字符识别方法将形状翻译成计算机文字的过程，即对文本资料进行扫描，然后对图像文件进行分析处理，获取文字及版面信息的过程。文本资料的分辨率影响OCR的识别率。目前，国内外关于OCR文字识别软件系统整合最全的有：云脉科技OCR文字识别软件、上海全能王、汉王OCR等。

巩固训练

小周接到经理任务，要把去年扫描到计算机里的年度工作总结报告根据今年实际情况进行修改。小周需要把扫描的图片里的文字转换成Word文档，然后再进行修改。请根据自己掌握的技能，完成操作。

职业技能鉴定指导

一、知识技能复习要点

1. 认识OCR技术。
2. 掌握用OCR软件把图片资料转换成文字的方法和技巧。

二、模拟训练

（一）填空

1. OCR是一种 __________ 识别技术。
2. OCR识别后的文字可保存为 __________ 格式。
3. OCR是指 ___________ 检查纸上打印的字符，通过检测暗、亮的模式确定其形状，然后用字符识别方法将形状翻译成计算机文字的过程。

（二）选择

1. 扫描的文件的（　）不够高，可能导致OCR识别率较低，识别的文字错误较多。

A．刷新率　　B．线速　　C．分辨率

2. OCR技术是指用（　）对文本资料进行扫描，然后对图像文件进行分析处理，获取文字及版面信息的过程。

A．光学设备　　B．电子设备　　C．物理设备

3. OCR能通过对图片进行扫描，并对图片上的文字进行分析处理，获取图片上的文字。以上说法是否正确？（　）

A．正确　　B．错误　　C．不能确定

三、技能实训

公司要把上个月扫描的图像文件转换成文字文档，请使用尚书OCR7.5软件完成操作。

任务评价

任务实施评价表

评价项目	评价关键点	配分	自评分	互评分	教师评分
启动OCR软件	启动OCR	10			
使用OCR识别文字	打开图像文件命令	10			
	打开图像文件	10			
	进行版面分析	10			
	调整识别文字范围	10			
	执行识别命令	10			
	修改识别后的错别字	15			
	输出到指定格式	10			
关闭OCR软件	关闭文字识别软件	15			
总　分		100			

任务三 扫描仪的保养及常见故障排除

Task 3

训练目标

1. 能熟练进行扫描仪的保养。
2. 能熟练排除扫描仪的常见故障。

任务情境 1

小周是一名办公室文员，公司里有些纸质资料经常要扫描成图片，保存在计算机里，以便以后查找。为减少扫描仪出现故障的概率，保证公司业务的正常开展，她平时要注意对扫描仪进行日常维护。公司的扫描仪是中晶 MICROTEK Phantom V6 平板扫描仪，她需要从哪些方面进行保养？

保养操作

一、扫描仪放在稳固的平台上

将扫描仪放置在一个稳固的平台上工作，保证扫描仪工作时能平衡扫描文档，不会出现晃动影响扫描效果和影响扫描仪镜组的归位。

二、扫描时关闭上盖

在使用扫描仪的时候，必须关闭扫描仪面板，这样可以防止灰尘进入机内和防止外部光线对扫描质量造成影响。

三、不要在扫描仪正常工作时关掉电源或移动扫描仪

由于镜组在工作时运动速度比较慢，当扫描一幅图像后，它需要一部分时间从底部归位。所以，不要在正常供电的情况下中途切断电源，应等到扫描仪的镜组完全归位后，再切断电源。

四、经常清洁

要经常清除扫描仪外壳的灰尘和残渣，以避免过度磨损。扫描仪中的玻璃平板建议用棉纱蘸些洗涤剂反复擦拭，再擦干即可。

五、注意防潮防水防尘

避免把扫描仪放置在有液体或潮湿的地方，以免造成电路短路；不用时可以用防尘罩把扫描仪遮盖进来，防止灰尘进入。

任务情境 2

小周在用扫描仪扫描资料时，发现扫描后的图像里的文字模糊，并且图像太亮。小周应该如何处理？

操作步骤

步骤1　分析故障原因。

如果扫描仪扫描时设置的分辨率过低，扫描后的文字就会像马赛克一样模糊不清。

步骤2　解决故障。

通过在扫描软件工具面板中提高扫描分辨率即可，一般文字资料设置为 300 PPi 即可，如图 4-20 所示。

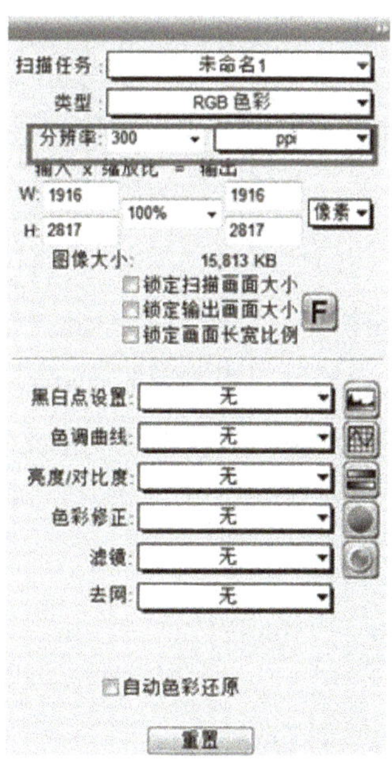

图4-20　扫描仪设置选项

任务情境 3

小周在用扫描仪扫描资料时，发现扫描后的图像较暗，并且有较多的灰点。小周应该如何处理？

操作步骤

步骤1　分析故障原因。

扫描仪中的平板玻璃、反光镜片或镜头上落有灰尘或别的杂质，可能就会使扫描仪的反射光线变弱，并且影响到扫描质量。

步骤2　解决故障。

取一个沾了水的脱脂棉（干湿程度以用劲挤压后不出水为准）把扫描仪的平板玻璃、发光管、反光镜小心地进行擦拭。擦拭的时候，注意动作必须要轻，千万不可以改变光学配件的位置。

任务情境 4

小周在用扫描仪扫描资料时，发现扫描仪工作过程中比平时噪音大，有时还会有刺耳声音。小周应该如何处理？

操作步骤

步骤1　分析故障原因。

如果扫描仪上的滑动杆缺油或是积垢，镜头来回扫描时会与滑动杆产生较大的摩擦，就会产生噪音。

步骤2　解决故障。

先打开锁紧装置，将滑杆螺丝拧开，并将镜头组件与皮带分开，抽出滑杆，用纸巾清洁滑杆、镜组上的滑杆套环、齿轮组。清洁完毕后重新组装，并在滑杆和齿轮组上涂少许润滑油，来回拖动滑儿下，擦掉多余的润滑油，调整皮带的松紧。噪声问题就可以基本解决。

拓展阅读

一、计算机里找不到扫描仪

这是最常见的故障。先用观察法看看扫描仪的电源及线路接口是否已经连接好，并确认是否已开启扫描仪的电源，然后才启动计算机。如果不是，可以单击 Windows“设备管理器”的“刷新”按钮，查看扫描仪是否有自检，绿色指示灯是否稳定地亮着。假若是，则可排除扫描仪本身故障的可能性。如果扫描仪的指示灯不停地闪烁，表明扫描仪状态不正常。这时可以再重新安装最新的扫描仪驱动程序。同时，应检查“设备管理器”中扫描仪是否与其他设备冲突（IRQ 或 I/O 地址），若有冲突就要进行更改。

二、输出图像色彩不够艳丽

这属于软件故障，可以先调节显示器的亮度、对比度和 Gamma 值。Gamma 值是人眼从暗色调到亮色调的一种感觉曲线。Gamma 值越高，感觉色彩的层次就越丰富。当然，为了求得较好的效果，也可以在 Photoshop 等软件中对 Gamma 值进行调整，但这属于“事后调整”，我们可以根据扫好的照片的具体情况进行 Gamma 值的调整。在扫描仪自带的软件中，如果是普通用途，Gamma 值通常设为 1.4；若是用于印刷，则设为 1.8；网页上的照片则设为 2.2。还有，扫描仪在使用前应该进行色彩校正，否则就极可能使扫描的图像失真；此外还可以对扫描仪驱动程序对话框中的“亮度 / 对比度”选项进行具体调节。

巩固训练

小周在用扫描仪扫描资料时，发现扫描仪工作过程中比平时噪音大，有时还会有刺耳声音。请根据自己掌握的技能，完成故障的处理。

职业技能鉴定指导

一、知识技能复习要点

1. 掌握扫描仪的保养方法。
2. 掌握扫描常见故障判断及排除的方法和技巧。

二、模拟训练

（一）填空

1. 扫描仪应放在平稳的工作台上，保证 __________ 正常归位。
2. 扫描仪进行扫描工作时要关闭盖子，以防止 __________ 对扫描质量造成影响。
3. 可通过调整扫描仪扫描的 __________ 来提高扫描文件的清晰度。

（二）选择

1. 如果扫描仪扫描的分辨率设置（　），扫描后的文字就不清晰，进行文字识别时错误率较高。

A. 过低　　　　B. 过高　　　　C. 过大

2. 在（　）中可以查看扫描仪是否与其他设备冲突。

A. 资源管理器　　B. 文件管理器　　C. 设备管理器

3. 扫描仪在扫描过程中噪音较大，可能是扫描仪上的（　）缺油或积垢引起。

A. 滑动杆　　B. 镜组　　C. 玻璃平板

三、技能实训

公司的扫描仪是中晶 MICROTEK Phantom V6 平板扫描仪，在扫描资料时噪音较大。请根据自己所学的技能，完成故障的排除。

任务评价

任务实施评价表

评价项目	评价关键点	配分	自评分	互评分	教师评分
关闭扫描仪	关闭扫描软件	5			
	断开扫描仪电源	5			
维护滑动杆	打开锁紧装置、拧开螺丝	10			
	将镜头组件与皮带分开	10			
	抽出滑杆	10			
	清洁滑杆、镜组上的滑杆套环、齿轮组	10			
	重新组装	10			
	在滑杆和齿轮组上涂润滑油	10			
	调整皮带的松紧	10			
	重新安装好扫描仪	10			
通电测试	连接扫描仪	5			
	进行扫描测试	5			
总　分		100			

模块五 Module 5 一体机的使用与维护

简单而言，一体机就是集打印、复印、传真、扫描等功能为一体的机器。随着办公自动化的发展，以往单一功能的打印机、复印机、传真机、扫描仪既不能满足综合办公的需要，又花费大量的资金，占用了大量的空间。随之应运而生的影印一体机解决了这个问题，它同时具有打印、复印、扫描、传真等功能，而价格远远低于这些设备，并且极大地节约了办公空间，现在，这种一体机正在渐渐替换掉单一功能的办公设备。掌握一体机的使用和维护是每名办公人员必须掌握的技能。本模块主要介绍一体机的使用与维护。

任务一 用一体机打印文档

训练目标

能熟练使用一体机打印文档。

任务情境

小吴是天宝建筑有限责任公司的办公室文员。一天，项目部经理交给她一份装修合同，让她用 A4 纸双面打印 2 份。公司里的设备是 HP Officejet 4500 一体机，安装了 Office 2003 软件。小吴应该如何完成打印任务?

操作步骤

步骤1　打开一体机的电源，启动一体机，如图5-1所示。

按下一体机的电源按钮后，中间的模式指示灯先是进入闪烁状态，一体机进行预热。待预热完成后，指示灯不再闪烁，表示可以进行工作。

步骤2　在打印机进纸器放置纸张，并夹紧，如图5-2所示。

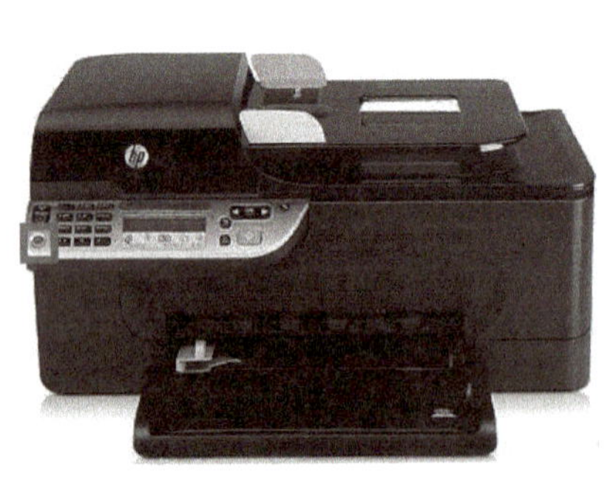

图5-1　打开电源

图5-2　放入纸张

步骤3　选择“文件”→“打印”命令，设置打印选项，如图5-3所示。

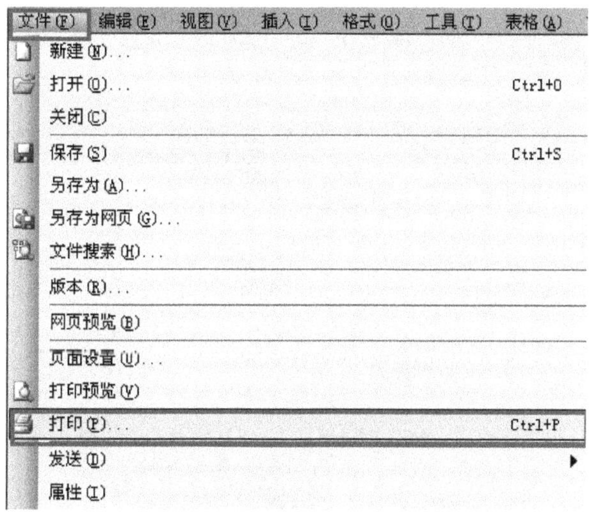

图5-3　设置打印选项

步骤4　选择合适的打印机，勾选“手动双面打印”及“逐份打印”，“页面范围”选“全部”，“份数”选“2”，如图5-4所示。

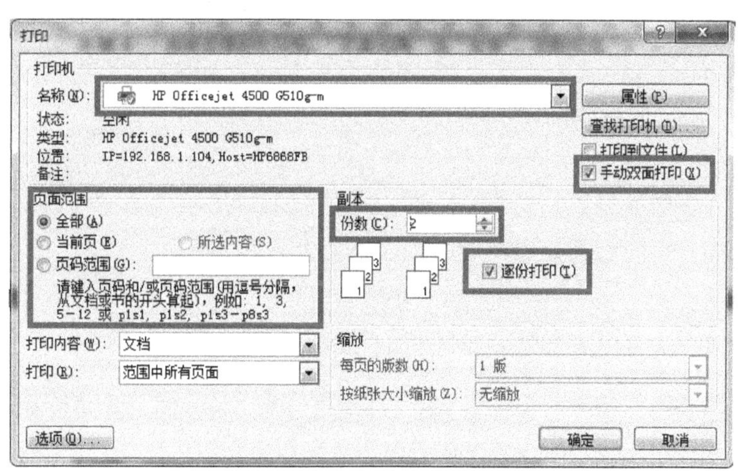

图5-4　选择打印机，确定页面范围及份数

步骤5　单击打印窗口中左下角的“选项”按钮，将会在打印窗口下弹出一个打印选项卡，勾选“纸张背面”，如图5-5所示。

选中打印选项卡中右下角的“纸张背面”选项，将会看到图标上页面的顺序由“246”变成了“642”。

步骤6　设定完毕后，单击“确定”按钮进行打印，如图5-6所示。

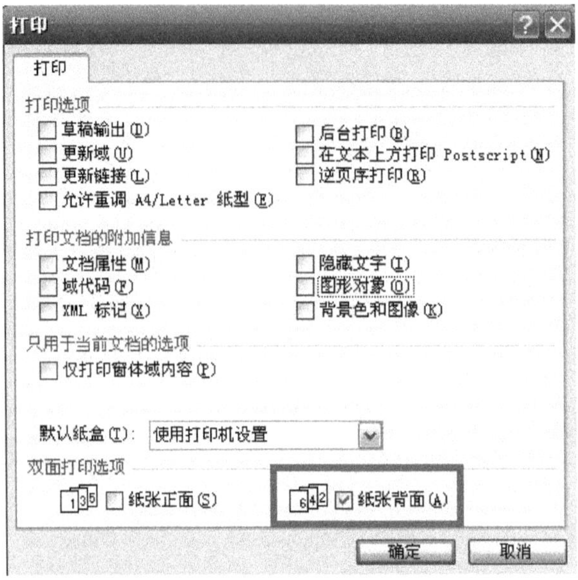

图5-5 勾选纸张背面

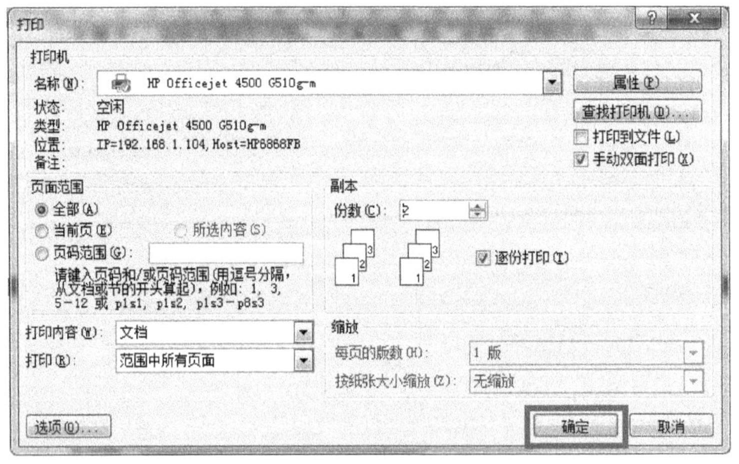

图5-6 进行打印

单击打印窗口中的“确定”按钮或按键盘的回车键，就开始打印。打印页码均为奇数页。同时，会弹出一个对话框“请将出纸器中已打印好一面的纸取出并将其放回送纸器中，然后按下‘确定’，继续打印”。如纸张数量不够，建议此时不要单击“确定”按钮。

步骤7 打印偶数页。

待所有奇数页文档打印完毕后，将已打印出来的纸张有字的一面倒序倒面重新送入纸槽，单击对话框中的“确定”按钮，文件将开始逆页序打印偶数页文档。

拓展阅读

一、认识HP Officejet 4500面板上的按钮和指示灯

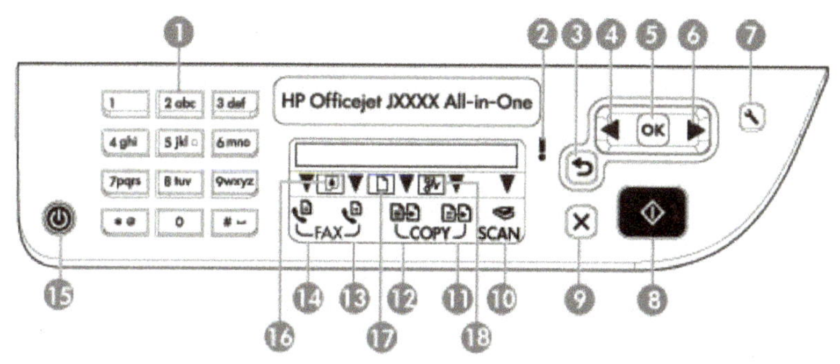

图5-7　面板的按钮和指示灯

标签	名称和描述
1	键盘：用于输入值
2	注意灯：指示错误条件
3	后退按钮：恢复到其前一设置或返回到更高级菜单
4	向左箭头按钮：向前导航菜单中的设置
5	OK 按钮：选择当前菜单或设置
6	向右箭头按钮：向后查看菜单中的设置
7	设置：显示“设置”菜单，用户可通过该菜单生成报告、选择其他维护设置及访问“帮助”菜单。从“帮助”菜单中选择的主题将在计算机的屏幕上打开一个帮助窗口
8	开始：启动复印、传真或扫描作业。按“开始”可根据所选的功能处理作业
9	取消：停止作业、退出菜单或退出设置
10	扫描功能指示灯
11	彩色复印功能指示灯
12	黑白复印功能指示灯
13	彩色传真功能指示灯
14	黑白传真功能指示灯
15	电源：打开或关闭设备。当设备打开时，电源按钮点亮。在执行作业时，该指示灯会闪烁。设备关闭后，电源仍为其提供少量的电。要完全切断对该设备的供电，请关闭设备，然后拔掉电源线
16	墨水不足指示灯
17	原件装入指示灯
18	卡纸指示灯

二、如何取消打印

方法一 用设备控制面板取消。

按一体机控制面板上的“✕”键（取消按钮）。这将清除设备当前正在处理的作业，但并不影响正在等待处理的作业。

方法二 在 Windows 系统中取消：双击显示在计算机屏幕右下角的打印机图标。选择打印作业，然后按键盘上的“Delete”键。

三、常见一体机的品牌

目前，市场上常见的一体机品牌有：惠普、三星、兄弟、佳能、松下等。

四、手动双面的打印的技巧

1. 如果是惠普办公用的激光打印机，选择双面打印以后，待单面打印完成以后，按照原先出纸的顺序，将其翻转（即白面朝上，第一页在下，最后一页在上）并送入纸盒，文本上方位于纸盒内部。按“确定”，即可完成打印。

2. 如果是日系的复印、打印一体的或打印、复印、传真、扫描四合一的一体机，就需要选择在手动双面打印后，待单面打印完成以后，将顺序反过来。就是第一页放到最后一页，第二页放到倒数第二页，以此类推，然后白纸面向上放回纸匣。

巩固训练

一天，总经理安排小吴打印一份会议资料，共有 8 页 Word 文档。经理要求她双面打印，节约纸张。请根据自己掌握的技能，完成打印。

职业技能鉴定指导

一、知识技能复习要点

1. 了解常用一体机的品牌。
2. 掌握用一体机打印文档的方法和技巧。
3. 掌握取消一体机打印的方法和技巧。

二、模拟训练

（一）填空

1. HP Officejet 4500 一体机，面板上的“[图标]”键是__________指示灯。

2. 常见的一体机品牌有（列举 4 种）__________、__________、__________、__________。

（二）选择

1. HP Officejet 4500 一体机（　）自动完成双面打印。

A．能　　　　B．不能　　　　C．不能确定

2. 用 HP Officejet 4500 一体机进行手动双面打印，打完奇数页后，要打印偶数页，纸张应该（　）放入。

A．倒序倒面　　　　B．正序倒面　　　　C．倒序正面

三、技能实训

公司要打印 5 份年度工作总结给董事会，需要 A4 双面打印。公司的打印机是 HP Officejet 4500 一体机，请问如何完成打印任务？

任务评价

任务实施评价表

评价项目	评价关键点	配分	自评分	互评分	教师评分
启动一体机	打开一体机电源	5			
	等待一体机启动后预热	5			
	放置纸张	5			
使用一体机	选择一体机	10			
	设置页面范围	10			
	选择打印份数	10			
	设置手动双面打印	10			
	设置逆序打印	10			
	设置纸张的尺寸	10			
	设置纸张的方向	10			
关闭一体机	整理打印稿	5			
	关闭一体机电源	5			
	正确收纳一体机的线缆	5			
总　分		100			

任务二 用一体机发送和接收传真

Task 2

训练目标

1. 能熟练使用一体机接收传真。
2. 能熟练使用一体机发送传真。

任务情境 1

一天，公司经理让小吴传真一份合同给合作公司。公司里的设备是HP Officejet 4500一体机。小吴应该如何完成传真任务?

操作步骤

步骤1 打开一体机的电源，启动一体机，如图5-8所示。

步骤2 打开一体机上盖，将原件打印面朝下，对齐玻璃板的右下角。放置完毕后，关闭盖子，如图5-9所示。

图5-8 打开一体机电源

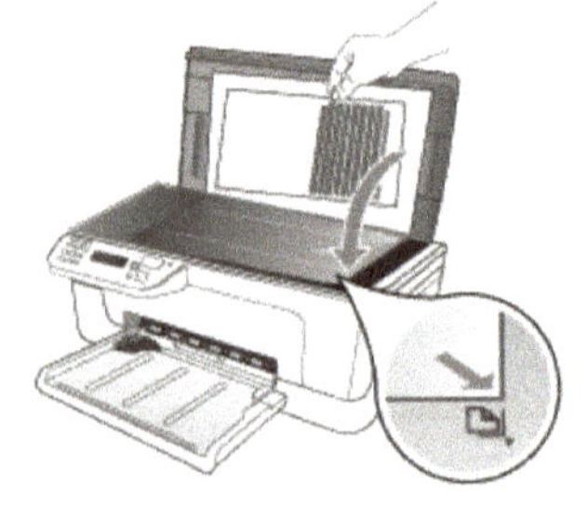

图5-9 放置文稿

步骤3 在控制面板上选择“传真”选项，如图5-10所示。

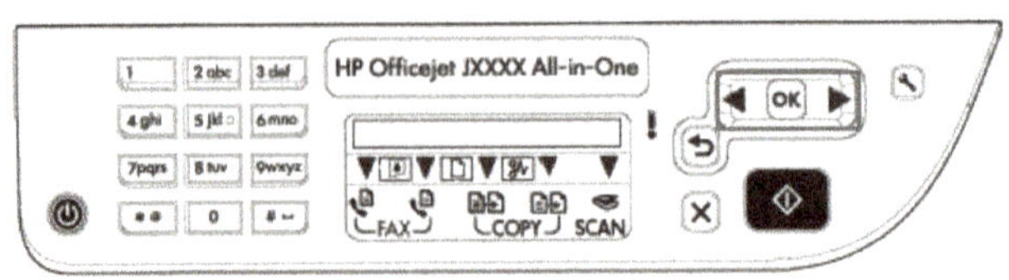

图5-10 选择“传真”选项

在控制面板上，按导航键的“◀”（向左箭头）或“▶”（向右箭头），选择“黑白传真”或“彩色传真”，然后按“OK”（确认）键。

步骤4　使用键盘输入对方的传真机号码，如图5-11 所示。

图5-11　输入对方传真机号码

步骤5　按“开始”键进行发送，如图5-12所示。

图5-12　发送传真

任务情境 2

一天，公司的经理让小吴注意接收一份重要的传真。经理告诉小吴，待对方传真一到，马上打印出来交给他。小吴应该如何完成任务？

操作步骤

步骤1　打开一体机的电源，启动一体机，如图5-13所示。

步骤2　在一体机自动文档进纸器放置A4纸，如图5-14所示。

步骤3　将“响铃以接听”设置成较大数字，如图5-15所示。

图5-13　打开一体机电源

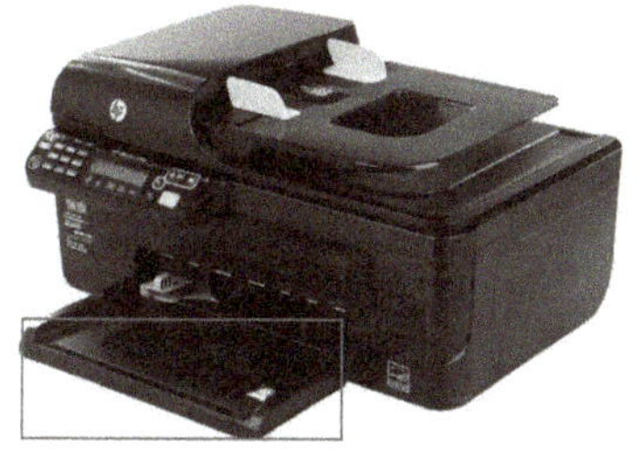

图5-14　放置纸张

图5-15　设置响铃次数

按一体机控制面板上的“”(设置)按钮，按导航键的“◀”(向左箭头)或“▶”(向右箭头)，进入到“传真设置”，按“OK”(确定)键。

再按导航键的“◀”(向左箭头)或“▶”(向右箭头)，选择应答选项，然后选择“应答响铃次数”，输入较大的数字，然后按“OK”(确定)键。

将“响铃以接听”设置成较大数字，以便在设备应答之前应答拨入的呼叫，及时将传真接收。

步骤4　听到发送端一体机的传真音时，设置接收传真的颜色，如图5-16所示。

在控制面板上，按导航键的“◀”(向左箭头)或“▶”(向右箭头)，选择“黑白传真”或“彩色传真”，然后按“OK”(确定)键。

图5-16　设置接收传真的颜色

步骤5　按“开始”键进行接收，如图5-17所示。

图5-17　接收传真

设备开始接收传真后，可以挂断电话，也可以保持接通状态。传真发送期间电话线无声。

拓展阅读

一、如何拒接垃圾传真

方法一　关闭“自动应答”功能，所有传真手动接收，人工辨别传真文件。

按一体机控制面板上的“”(设置)按钮，按导航键的“◀”(向左箭头)或“▶”(向右箭头），进入到“传真设置”，按“OK”（确定）键。

再按导航键的“◀”（向左箭头）或“▶”（向右箭头），选择“应答选项”，然后选择“自动应答”，选择“关闭”，然后按“OK”（确定）键。

方法二 手动输入要阻止的号码。

按一体机控制面板上的“🔧”（设置）按钮，按导航键的“◀”（向左箭头）或“▶”（向右箭头），进入到“传真设置”，按“OK”（确定）键。

再按导航键的“◀”（向左箭头）或“▶”（向右箭头），选择“拒收垃圾传真”，然后按“OK”（确定）键。

再按导航键的“◀”（向左箭头）或“▶”（向右箭头），选择“添加”，然后按“OK”（确定）键。

在输入要阻止的传真号码之后，按“OK”（确定）键。

当出现“输入另一个？”的提示时，如果需要将其他号码添加到垃圾传真号码列表，请按“是”，然后对要阻止的每个号码重复执行以上步骤；如果垃圾号码已经添加完毕，选择“否”。

二、如何进行传真测试

通过测试传真设置，可以检查设备的状态，并确保传真设置正确无误。测试包括以下内容：测试传真硬件；验证与设备相连的电话线类型正确无误；检查电话线是否插入正确的端口；检查拨号音。一体机会打印出一份包含测试结果的报告。如果测试失败，通过查看报告可以了解如何解决该问题。传真测试方法如下：

1. 根据家庭或办公室设置的特定说明，对设备进行传真设置。
2. 确保安装了墨盒，并确保在开始测试之前，送纸盘中放入了标准尺寸的纸张。
3. 按一体机控制面板上的“🔧”（设置）按钮，按导航键的“◀”（向左箭头）或“▶”（向右箭头），进入到“运行传真测试”，按“OK”（确定）键。

设备会在显示屏上显示测试的状态，并打印一份报告。

巩固训练

一天，经理拿了一份彩色打印的合同给小吴，让小吴传真给一个客户。请根据自己掌握的技能，完成传真工作。

职业技能鉴定指导

一、知识技能复习要点

1. 掌握使用一体机接收传真的方法和技巧。

2. 掌握使用一体机发送传真的方法和技巧。

3. 了解拒绝垃圾传真的设置方法。

4. 了解一体机的传真测试方法。

二、模拟训练

（一）填空

1. 在一体机中，“OK”键的功能是 ______________________。

2. 在一体机中，“ ”键的功能是 ______________________。

（二）选择

1. 为了在设备应答之前应答拨入的呼叫，应将“响铃以接听”设置成（　）数字，及时将传真接收。

A．较大　　B．较小　　C．都可以

2. 在发送传真时，打开一体机上盖，将原件打印面朝下，对齐玻璃板的（　）角。

A．右下角　　B．左下角　　C．不确定

三、技能实训

小邹在天天旅游有限公司做文员，公司要向客户作宣传，需要将公司的彩色宣传册传真给各个客户。请利用 HP Officejet 4500 一体机完成传真。

任务评价

任务实施评价表

评价项目	评价关键点	配分	自评分	互评分	教师评分
启动一体机	打开一体机电源	10			
	等待一体机启动后预热	10			
发送传真	将彩色图册准确的放在面板上	10			
	选择“传真”项	10			
	选择传真颜色	10			
	输入客户的传真机号码	10			
	准确发出传真	10			
关闭一体机	整理宣传稿	10			
	关闭一体机	10			
	整理一体机线缆	10			
	总　分	100			

任务三 用一体机扫描文档

训练目标

能熟练使用一体机扫描文档。

任务情境 1

一天，经理让小吴将公司与客户签订的合同扫描，存为电子档案。公司的扫描设备是HP Officejet 4500一体机，小吴应该如何完成扫描任务？

操作步骤

步骤1　打开一体机的电源，启动一体机，如图5-18所示。

步骤2　打开一体机上盖，将原件打印面朝下，对齐玻璃板的右下角。放置完毕后，关闭盖子，如图5-19所示。

图5-18　打开一体机电源

图5-19　放置扫描原件

步骤3　在控制面板上选择“彩色扫描”选项，如图5-20所示。

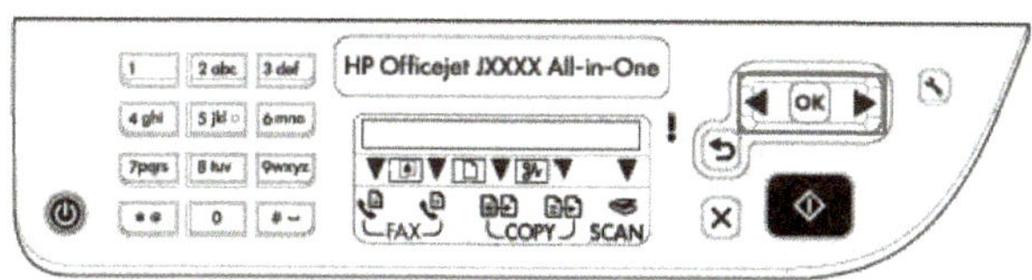

图5-20　选择“彩色扫描”选项

在控制面板上，按导航键的“◀”（向左箭头）或“▶”（向右箭头），选择“彩色扫描”，然后按“OK”（确认）键。

步骤4　选择默认的扫描文件的存放位置，如图5-21所示。

图5-21　选择文件存放位置

待控制面板出现“扫描到”后，按“OK”（确认）键，选择扫描文件存放到系统默认的位置。系统默认扫描文件存放到C盘上的“我的文档”中。

步骤5　按“开始”键进行扫描，如图5-22 所示。

图5-22　扫描文件

打开C盘的“我的文档”文件夹，可以看到扫描后文件。

任务情境 2

一天，公司的经理让小吴扫描员工荣誉证书，存为电子档案。公司的一体机现在是网络共享，型号为HP Officejet 4500，小吴应该如何完成扫描任务？

操作步骤

步骤1　打开一体机的电源，启动一体机，如图5-23所示。

步骤2　打开一体机上盖，将原件打印面朝下，对齐玻璃板的右下角。放置完毕后，关闭盖子，如图5-24 所示。

图5-24　打开一体机电源

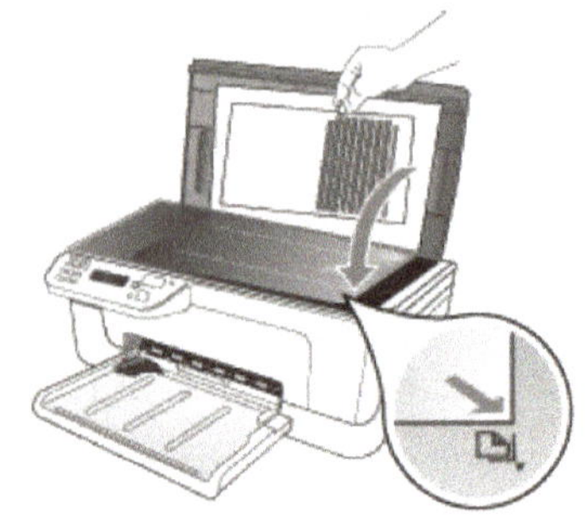

图5-23　放置扫描件

步骤3　打开计算机上安装的“HP 解决方案中心”软件，如图 5-25 所示 。

步骤4　选择“扫描文档”选项，如图 5-26所示。

图5-25　打开HP软件

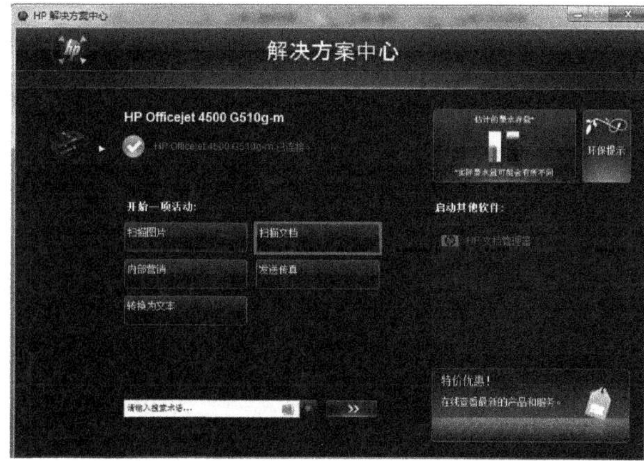

图5-26　选择扫描文档选项

步骤5　选择扫描后保存的文件类型，如图 5-27 所示。

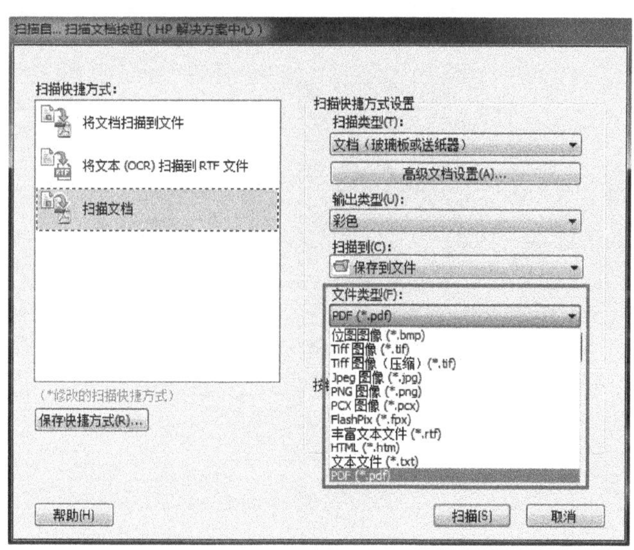

图5-27　选择文件保存类型

步骤6　单击“扫描”按钮，确认扫描，如图5-28 所示。

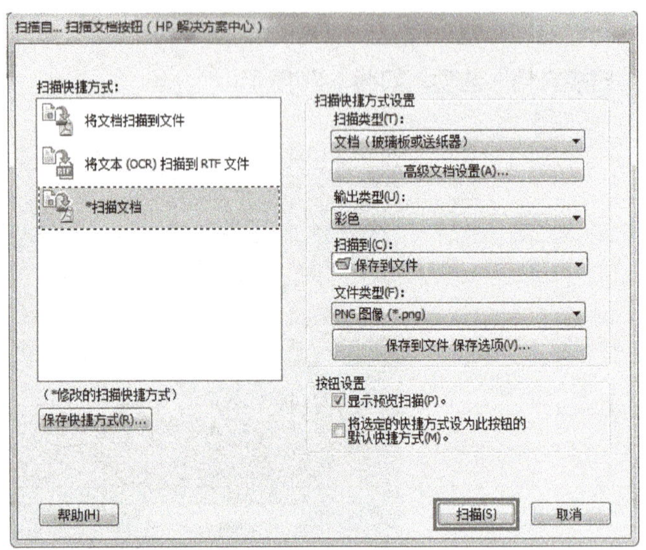

图5-28　开始扫描

步骤7　完成扫描，如图5-29所示。

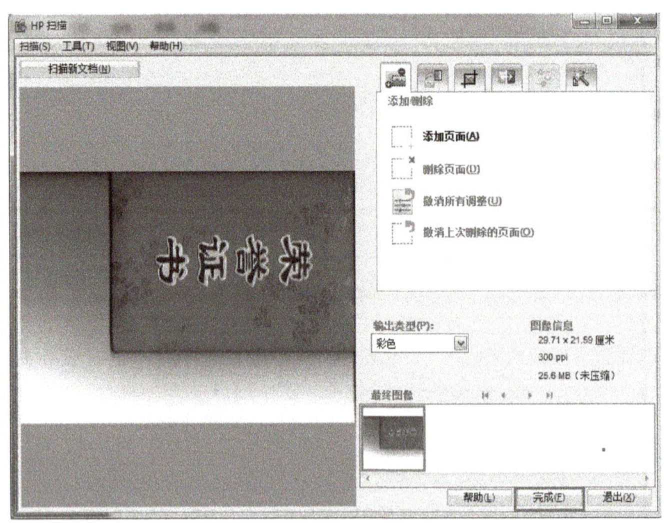

图5-29　完成扫描

单击“完成”按钮，完成扫描。系统默认扫描文件存放到C盘上的“我的文档”中。

拓展阅读

更改扫描仪的设置

1. 打开计算机上安装的“HP解决方案中心”软件，如图5-30所示 。

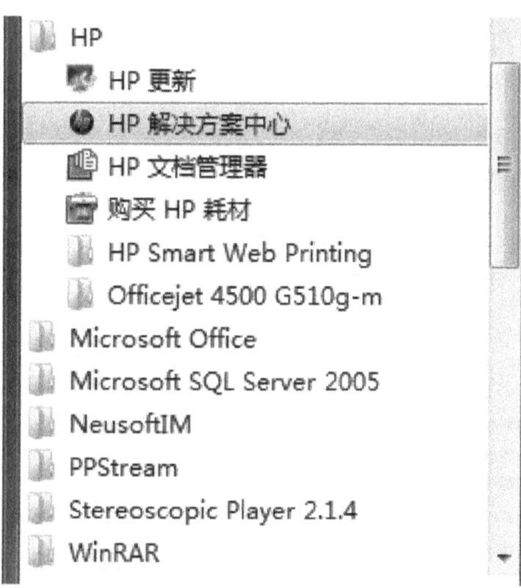

图5-30　打开HP软件

2. 进入“扫描设置”选项，可以对一体机的扫描设置进行更改，如图 5-31 所示。

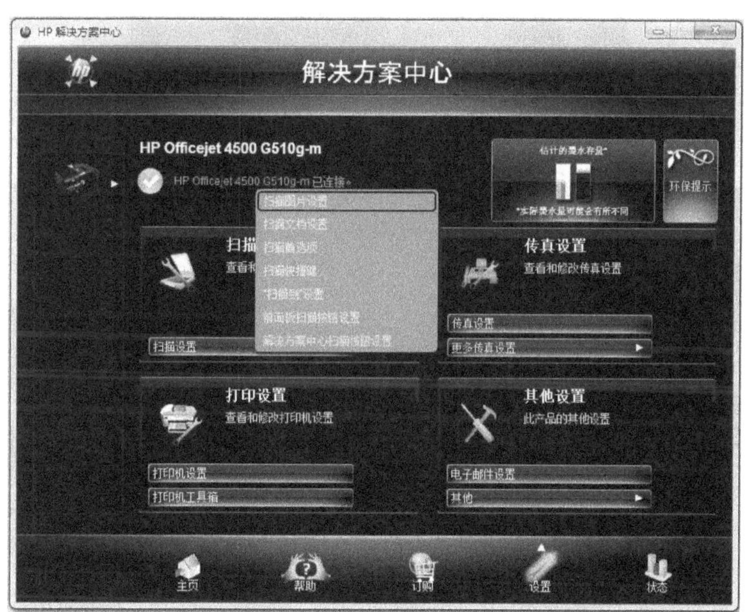

图5-31　进入扫描设置界面

3. 更改扫描设置，如图 5-32 所示。

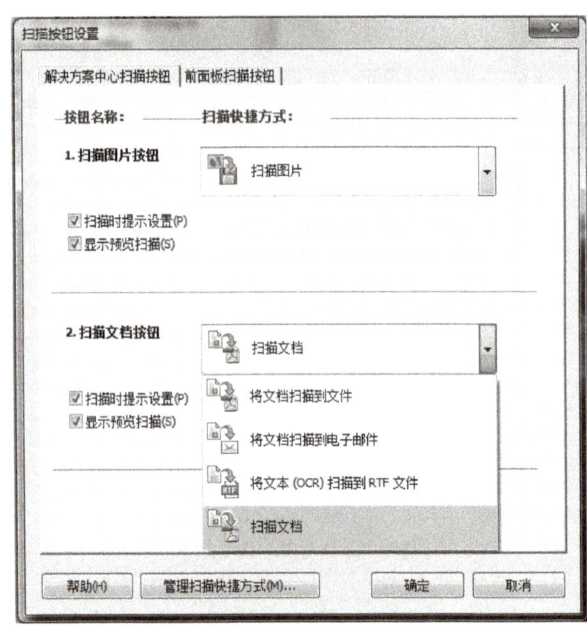

图5-32　更改扫描设置

巩固训练

一天，业务部经理拿了几张照片给小吴，让小吴把这份照片扫描成图片保存在公司的电脑中。请根据自己掌握的技能，完成扫描工作。

职业技能鉴定指导

一、知识技能复习要点

1. 掌握使用一体机扫描文档的方法和技巧。
2. 了解改变一体机扫描设置的方法。

二、模拟训练

（一）填空

1. 在 HP Officejet 4500 一体机中“解决方案中心”中，选择“扫描文档”表示____________________。

2. 在 HP Officejet 4500 一体机中“解决方案中心”中，选择“扫描图片”表示____________________。

（二）选择

1. 在 HP Officejet 4500 一体机中“解决方案中心”中，选择“扫描文档”默认文件的保存类型是（　）。

A. pdf　　　　B. bmp　　　　C. jpg

2. 在 HP Officejet 4500 一体机中“解决方案中心”中，选择“扫描图片”默认文件的保存类型是（　）。

A. pdf　　B. bmp　　C. jpg

三、技能实训

小邹是东圣医疗器械有限公司的文员，要将公司的产品介绍图片以 pdf 的格式放到网上，请利用 HP Officejet 4500 一体机完成将宣传文档扫描成 pdf 格式的任务。

任务评价

任务实施评价表

评价项目	评价关键点	配分	自评分	互评分	教师评分
启动一体机	打开一体机电源	10			
	等待一体机启动后预热	10			
扫描文档	将图片准确地放在面板上	10			
	选择“扫描文档”项	10			
	选择扫描文档的存放格式	10			
	完成文档的扫描	10			
	准确地找到扫描后的文档	10			
关闭一体机	扫描完毕后整理图片	10			
	关闭一体机电源	10			
	整理一体机的线缆	10			
总　分		100			

任务四 用一体机复印文档

Task 4

训练目标

能熟练使用一体机复印文档。

任务情境

一天，经理让小吴将5月份的员工绩效统计表用A4纸复印20份，黑白复印。公司的复印设备是HP Officejet 4500一体机，小吴应该如何完成复印任务？

操作步骤

步骤1　打开一体机的电源，启动一体机，如图5-33所示。

步骤2　在一体机自动文档进纸器放置A4纸，如图5-34所示。

图5-33　打开一体机电源

图5-34　放置纸张

步骤3　打开一体机上盖，将原件打印面朝下，对齐放到玻璃板的右下角。放置完毕后，关闭盖子，如图5-35所示。

图5-35　放置复印文档

步骤4　在控制面板上选择“黑白复印”选项，如图5-36所示。

图5-36　选择“黑白复印”选项

在控制面板上，按导航键的“◀”（向左箭头）或“▶”（向右箭头），选择“黑白复印”，然后按“OK”（确认）键。

步骤5　输入复印的份数，如图5-37 所示。

图5-37　输入复印份数

在控制面板上，按导航键的“▶”（向右箭头），每按一次份数加 1，按导航鍵“◀”（向左箭头），每按一次份数减 1。当“份数”设置为“20”时，按“OK”（确认）键。

步骤6　按“开始”键，进行复印，如图5-38所示。

图5-38　开始复印

拓展阅读

一、设置复印纸张的尺寸

1. 在一体机的控制面板上，按向左箭头“◀”或向右箭头“▶”，选择“黑白复印”或“彩色复印”，然后按“OK”（确认）键。

2. 按向右箭头“▶”，直到出现“复印纸张类型”，然后按“OK”（确认）键。

3. 按向右箭头“▶”，直到出现相应的纸张类型，然后按“OK”（确认）键，如图 5-39 所示。

4. 按“◈”开始复印。

图5-39 设置复印纸张尺寸

二、重新调整原件的大小

如果原件上的图像或文字填满了整张纸，没有留出边界，可以使用“适合页面”或“整页的 91%”缩小原件，以防止文字或图像因超出边界而被截去，如图 5-40 所示。

图5-40 设置缩放

1. 在自动文档进纸器放置纸张。
2. 将原件正面朝下放在扫描仪的玻璃板上，对齐玻璃板的右下角。
3. 按向左箭头“◀”或向右箭头“▶”以选择“黑白复印”或“彩色复印”，然后按“OK”“确定。
4. 按向右箭头“▶”，直到出现“缩小 / 放大”，然后按“OK”确定。
5. 按向右箭头“▶”，直到出现“整页的 91%”，然后按“OK”确定。
6. 按“◈”开始复印。

巩固训练

小吴所在公司的办公设备硬件进行升级，办公室的一体机由单机连接改成了网络共享，一体机没有变化，型号仍然为 HP Officejet 4500。一天，经理让小吴将 8 月份的员工绩效统计表用 A4 纸复印 20 份，彩色复印，小吴应该如何完成任务？

职业技能鉴定指导

一、知识技能复习要点

1. 掌握使用一体机复印文档的技巧和方法。

2. 了解设置一体机复印纸张大小的方法。

3. 了解设置一体机重新调整原件大小的方法。

二、模拟训练

（一）填空

1. 要复印黑白文档，需要在控制面板上选择 ______________ 选项。

2. 要复印彩色文档，需要在控制面板上选择 ______________ 选项。

（二）选择

1. 在复印时，打开一体机上盖，将原件对齐玻璃板的哪个角？（　）

A．右下角　　B．左下角　　C．不确定

2. 在 HP Officejet 4500 一体机“解决方案中心”中，有无复印的选项？（　）

A．有　　B．无　　C．不确定

3. 在复印的时候，原件应该正面（　）。

A．朝上　　B．朝下　　C．都可以

三、技能实训

小周是天宜日化有限公司的办公室文员，小周的公司要将公司的彩色产品介绍发放给客户，需要用 A4 纸复印 30 份。请利用 HP Officejet 4500 一体机完成复印。

任务评价

任务实施评价表

评价项目	评价关键点	配分	自评分	互评分	教师评分
启动一体机	打开一体机电源	10			
	等待一体机启动后预热	10			
完成复印	在进纸器上放置A4纸	10			
	将彩色产品介绍正确放在玻璃面板上	10			
	选择“彩色复印”项	10			
	选择复印份数	10			
	完成文档的复印	10			
关闭一体机	复印完毕后整理产品介绍	10			
	关闭一体机电源	10			
	整理一体机线缆	10			
总　分		100			

任务五 一体机的保养及常见故障排除

Task5

训练目标

1. 能熟练进行一体机的保养。
2. 能熟练排除一体机的常见故障。

任务情境 1

部门经理指示小吴要把办公室的一体机维护好，保证公司业务的正常开展。公司使用的是 HP Officejet 4500 一体机，她需要从哪些方面对一体机进行保养？

操作步骤

一、清洁一体机的玻璃板

1. 关闭一体机。
2. 掀起玻璃板上盖。
3. 使用喷有中性玻璃清洁剂的不起毛软布清洁玻璃板，如图 5-41 所示。

图5-41　擦干玻璃板

清洁剂不能含研磨剂、丙酮、苯或四氯化碳，因为它们会损坏扫描仪玻璃板。不要使用异丙醇，因为它会在玻璃板上留下条纹。不要直接将玻璃清洁剂喷到玻璃板上。如果用的玻璃清洁剂太多，清洁剂可能会漏到玻璃板下面损坏扫描仪。

二、清洁自动送纸器

如果自动送纸器一次送入多页纸，或无法送入普通纸，则可能需要清洁滚筒和隔离板。掀开自动送纸器的盖子以便能看到自动送纸器内部的送纸装置，清洁滚筒或隔离板，然后合上盖子。

1．从送纸器纸盒中取出所有原件。

2．掀开自动送纸器的盖子“1”。

3．将一块干净、不起毛的布在蒸馏水中略微蘸湿，然后拧掉多余的水分，清洁滚筒“2”和隔离板“3”，如图 5-42 所示。

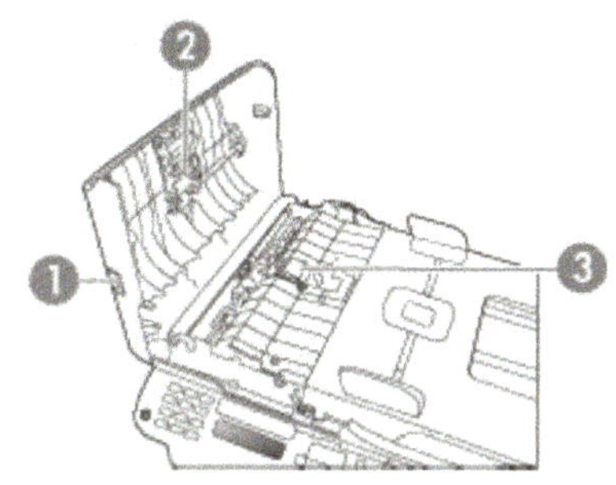

图5-42　清洁自动送纸器

4．用湿布擦去滚筒或隔离板上的污渍。如果用蒸馏水无法清除污渍，请尝试使用异丙醇。

三、清洁自动送纸器中的塑料条

1．关闭一体机，断开电源线。

2．将自动送纸器的盖子掀到最高的位置，然后轻轻撬动盖子以松开卡扣，如图 5-43 所示。

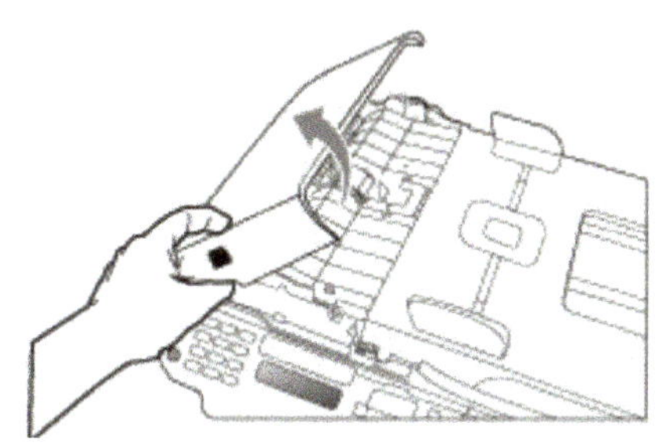

图5-43　打开自动送纸器的盖子

3．继续掀动自动送纸器的盖子，直到与自动送纸器垂直为止，如图 5-44 所示。

4．抬起自动送纸器装置，如图 5-45 所示。

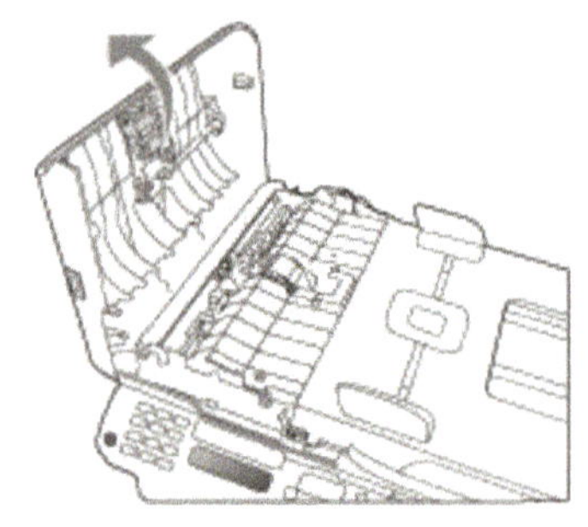

图5-44　使自动送纸器的盖子垂直

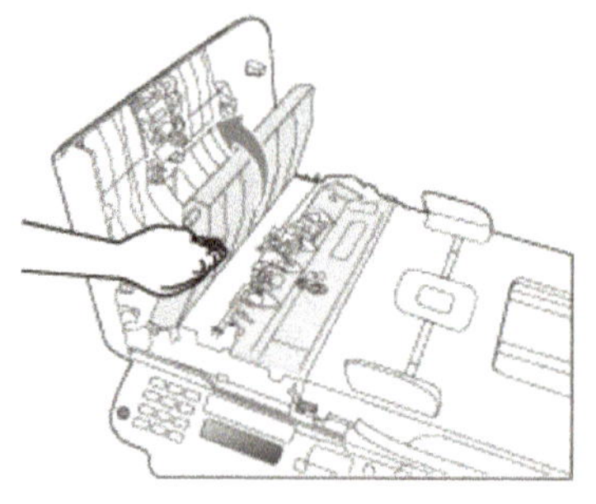

图5-45　抬起自动送纸器装置

5. 用蘸有无腐蚀性玻璃清洁剂的软布或海绵擦拭塑料条。

不要使用研磨剂、丙酮、苯或四氯化碳，它们会损坏塑料条。不要将液体直接倾倒或喷洒在塑料条上，液体可能会渗到玻璃板底下，对设备造成损坏。

6. 插入塑料条，将卡舌与塑料条上的孔扣合。轻轻放下自动送纸器装置，注意不要移动塑料条的位置，然后合上自动送纸器的盖子。

任务情境 2

小吴在使用一体打印时，发现不能进纸，小吴应该如何操作？

操作步骤

步骤1　分析故障原因。

可能原因 1：纸张没有在自动送纸器中放整齐。

可能原因 2：放入自动送纸器的纸张有卷曲。

可能原因 3：放入自动送纸器的打印介质过薄。

步骤2　解决故障。

（1）针对可能原因 1 的处理

调整纸张导板，确保纸张导板设置到与纸盘中装入介质的尺寸相应的标记位置。确保导板适度紧地贴着纸张。

（2）针对可能原因 2 的处理

将卷曲的纸张向卷曲的反方向弯曲，将其展平。

（3）针对可能原因 3 的处理

在使用特种薄介质时，确保将纸盘完全装满。如果使用的特种介质数量很少，尝试将特种介质放在具有相同尺寸的其他纸张上面，以便将纸盘填满。

如果使用特种厚介质（如手册纸），请在纸盘中装入 1/4 到 3/4 的介质。如有必要，可将这种介质放在相同尺寸的其他纸张上面，以使这叠纸的高度达到上述范围。

任务情境 3

小吴在使用一体机复印时，用的是下部主纸盘进纸的方式，发现复印完毕的纸张没有输出。小吴应该如何操作？

操作步骤

步骤1　分析故障原因。

一体机可能出现卡纸。

步骤2　解决故障。

如果纸张是从送纸盘中放入的，则可能需要从后门清除卡纸。

1. 向内按后门左侧的卡销，以打开检修门。通过向外拉可以从设备上卸下检修门，如图 5-46 所示。

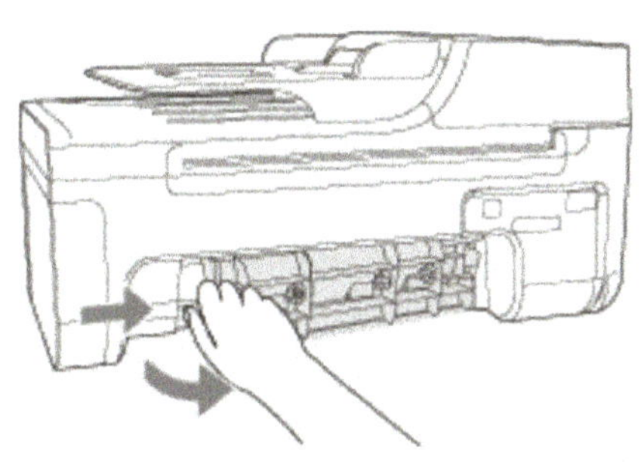

图5-46　卸下检修门

如果试图从设备前面清除卡纸，则可能损坏打印机械结构，请始终从后门进入和清理卡住的纸张。

2. 慢慢地将纸从滚筒里拉出来。

如果从滚筒中取出纸张时纸张破损，请检查滚筒和齿轮，以查看是否还有碎纸片留在设备中。如果没有从本设备中取出所有纸片，则会发生更多的卡纸情况。

3. 关闭后门。慢慢地向前推检修门，直到其卡住。

任务情境 4

小吴在使用一体机进行文档批量扫描时，用的是上部自动送纸器进纸的方式，发现第一张文档进去后，无法出来，扫描无法进行下去。小吴应该如何操作？

操作步骤

步骤1　分析故障原因。

一体机自动送纸器可能出现卡纸。

步骤2　解决故障。

1．掀开自动送纸器的盖子，如图 5-47 所示。

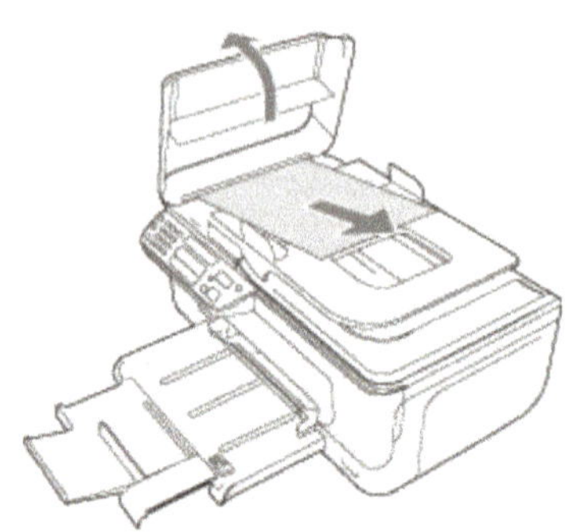

图5-47　掀开自动送纸器的盖子

2．慢慢地将纸从滚筒里拉出来。

如果从滚筒中取出纸张时纸张破损，应检查滚筒和齿轮，以查看是否还有碎纸片留在设备中。

3．合上自动送纸器的盖子。

拓展阅读

一、如何避免卡纸

遵循以下操作规范可避免卡纸。

1．经常从出纸盒中取出已打印好的纸张。

2．将所有未使用的纸张平放在密封袋中保存，以防纸张卷曲或起皱。

3．确保纸张平放在进纸盒中，并且边缘没有弯曲或撕裂。

4．不要在进纸盒中混用不同类型和尺寸的纸张；进纸盒中所有的纸张都必须尺寸、类型完全相同。

5．调整进纸盒中的纸张宽度导板，使其紧贴所有纸张。确保纸张宽度导板没有将进纸盒中的纸压弯。

6．不要将纸硬往进纸盒里推。

7．使用推荐用于本设备的纸张类型。

8．不要将原件留在玻璃板上。当玻璃板上已经有原件时，如果您将原件放入自动送纸器，则该原件可能会卡在自动送纸器中。

二、自动送纸器

自动送纸器一般配合复印机使用。使用自动送纸器可以大大节省扫描原稿的人工时间，特别是很多机器同时配备了自动翻转器后，复印双面文稿就得心应手了。

巩固训练

小吴利用一体机打印资料时，发现前几页文档正常输出，后面的纸张就卡住了，无法打印。请根据自己掌握的技能，完成故障的处理。

职业技能鉴定指导

一、知识技能复习要点

1. 掌握一体机保养的要求和技巧。
2. 掌握一体机常见故障排除的方法和技巧。
3. 了解避免一体机卡纸的方法和技巧。

二、模拟训练

（一）填空

1. 清洁一体机的玻璃板应该使用 ______________________ 软布。

2. 用湿布擦一体机滚筒或隔离板上的污渍时，如果用蒸馏水无法清除污渍，可以尝试使用 ______________。

3. 清洁一体机的自动送纸器的塑料条时，不能使用 ______________________。

（二）选择

1. 清洁一体机的玻璃板时，首先要（　）。

A．关闭电源　　B．打开盖子　　C．直接用湿软布清洁

2. 对于一体机来说，未使用的纸张最好（　）。

A．随便放即可　　B．放在进纸器上　　C．放在密封袋中保存

3. 一体机发生卡纸，从滚筒中取出纸张时，应该（　）。

A．快速拉出　　B．慢慢拉出　　C．都可以

三、技能实训

小邹是华远钢铁贸易公司的办公室文员，公司所用的设备是 Hp Laserjet 4500 一体机，用的是下部主纸盘进纸的方式。使用时，发现一体机卡纸了，请根据自己所学的技能排除故障。

任务评价

任务实施评价表

评价项目	评价关键点	配分	自评分	互评分	教师评分
关闭一体机	关闭一体机电源	10			
	等待一体机完全停止	10			
取出卡住的纸	打开一体机检修门	10			
	按正确方向轻轻拉出卡住的纸	20			
	检查是否有碎纸卡在一体机里面	10			
	关闭检修门	10			
通电测试	打开一体机电源	10			
	进行打印测试	20			
总　分		100			

模块六 Module 6 投影仪及无线演示器的使用与维护

投影仪是一种可以将图像或视频投射到幕布上的设备，可以通过不同的接口同计算机、VCD、DVD、BD、游戏机、DV等相连接播放相应的视频信号。投影仪广泛应用于家庭、办公室、学校等场所。

无线演示器结合无线技术和计算机USB技术控制计算机进行翻页，功能上相当于计算机遥控器。无线演示器通常包含一个发射器、一个接收器。接收器类似U盘，当插在计算机的USB口上时，计算机会自动安装相应的驱动。此时按发射器上的按键，即可实现无线控制计算机。

在日常办公中，投影仪和无线演示器的使用相当频繁。因此，掌握投影仪和无线演示器的使用和维护是每名办公人员必须掌握的技能。本模块主要介绍投影仪和无线演示器的使用与维护。

任务一 用投影仪显示工作成果

训练目标

1. 能熟练使用投影仪投影 PPT。
2. 能正确选择投影仪的放置位置，并投影出正确的画面。

任务情境 1

刚刚中职毕业的小余，成功应聘到文华学校做办公室文员。一天上午，学校将在报告厅举办全校说课比赛，办公室主任安排小余准备好笔记本电脑并投影出比赛用的 PPT，以便于参加比赛的教师能正常的使用。学校报告厅安装的是 EPSON CB-97 投影仪，笔记本安装是 Win7 操作系统，小余应该如何连接投影仪并投影出比赛用 PPT？

操作步骤

步骤1　启动计算机，打开要演示的PPT文档。

步骤2　按下投影仪遥控器上的电源开关，启动投影仪，如图6-1所示。

步骤3　将投影仪的VGA线与计算机VGA接口相连，如图6-2所示。

步骤4　右击电脑桌面，选择“屏幕分辨率”命令，进行投影设置，如图6-3所示。

图 6-1　投影仪遥控器

图 6-2　连接投影仪和计算机

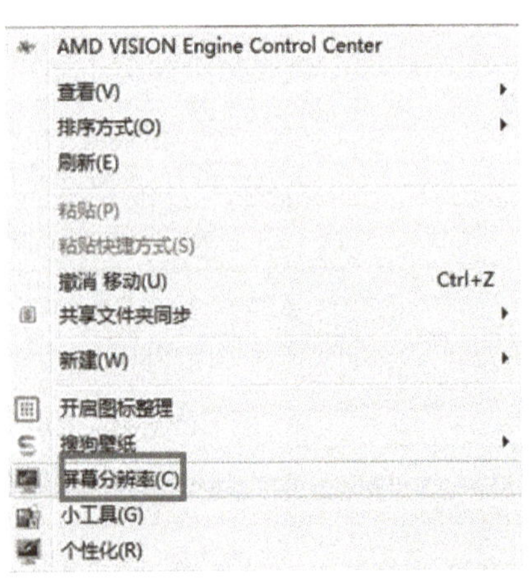

图 6-3　投影设置

步骤5 在弹出的窗口中选择“连接到投影仪”，如图6-4所示。

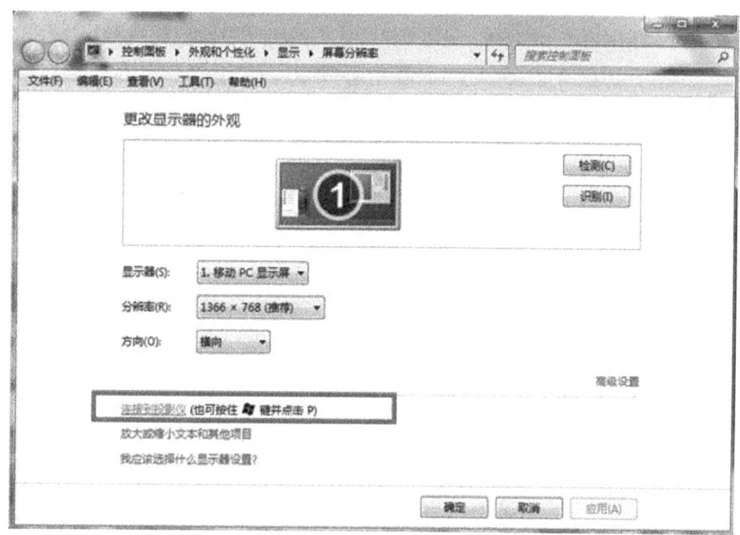

图 6-4 连接到投影仪

步骤6 在弹出的窗口中选择“复制”，如图6-5所示。

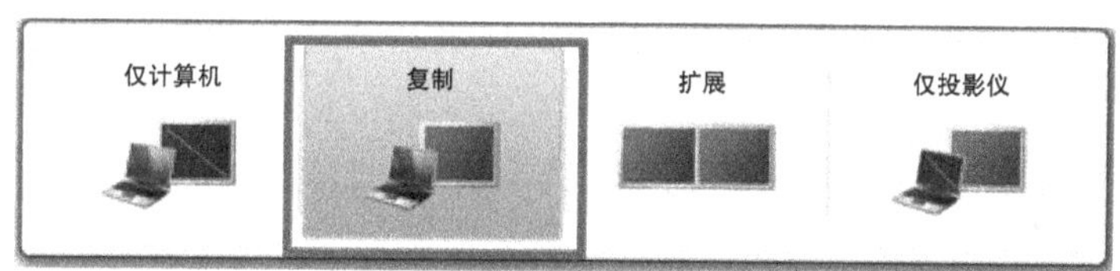

图 6-5 在弹出的窗口中选择“复制”

步骤7 在PowerPoint软件中选择全屏演示按钮，如图6-6所示。

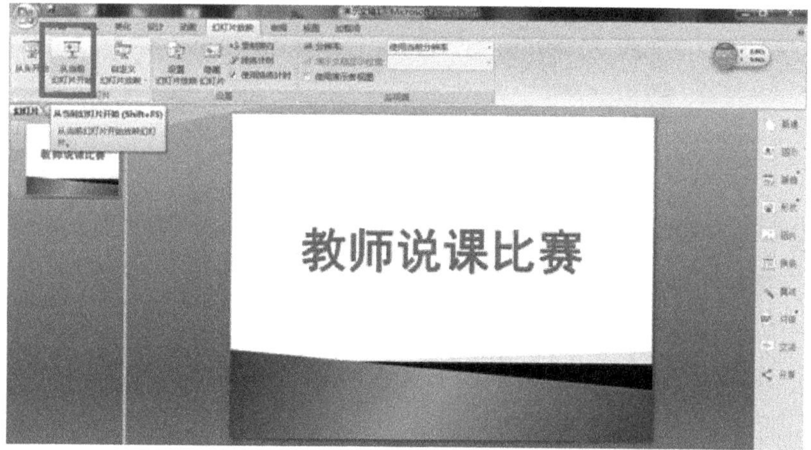

图6-6 播放幻灯片

任务情境 2

小余的学校要到省教育厅组织的书香文化节上做一次学校宣传展示活动，展示活动安排在一个大型的展馆。学校领导要小余自带笔记本和移动投影仪，投影播放出学校的宣传PPT和视频，小余应该如何完成宣传任务？

操作步骤

步骤1　找到一个平整的台面，并且保证台面前方2～3米的位置有一块长宽各2.5米大小的白色墙壁，如图6-7所示。

步骤2　连接投影仪电源，并打开投影仪电源开关，如图6-8所示。

图6-7　确定投影仪放置位置

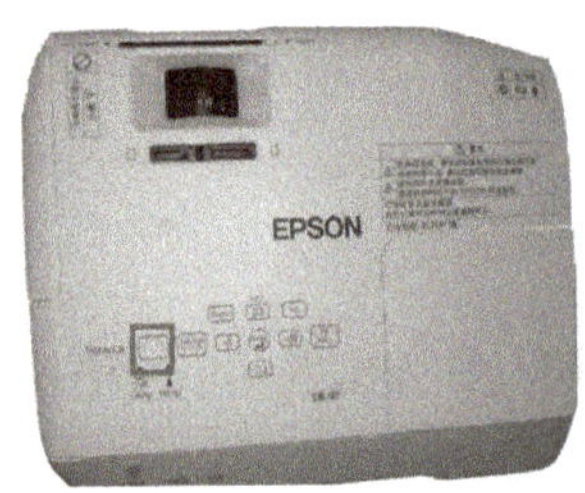

图 6-8　打开投影仪电源开关

步骤3　调整投影仪的距离，使投射画面大小适中，如图6-9所示。

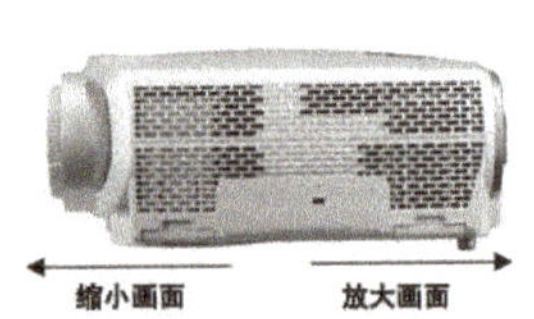

图6-9　调整投影仪距离

向投影墙的方向移动可缩小画面，向远离投影墙的方向移动可放大画面。

步骤4　调整投影仪投射画面。

若投影出的画面不规整（非正方形），可尝试调整投影仪的方位及各个立柱的高低，如图 6-10 所示。

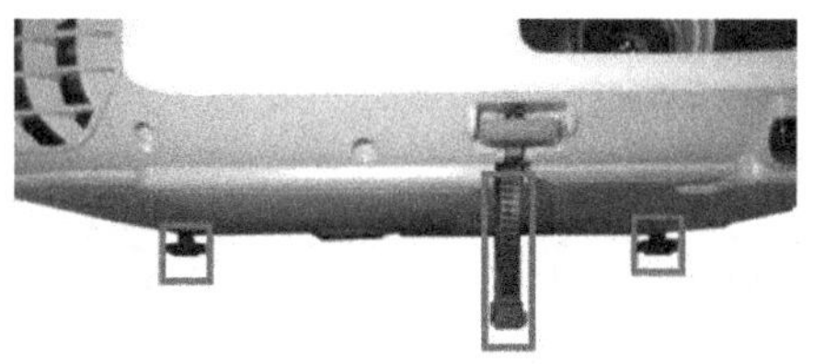

图6-10　调整投影仪底部的立柱

若各种方法都试过后仍无法解决，可设置投影仪的画面梯形修正，如图 6-11 所示。

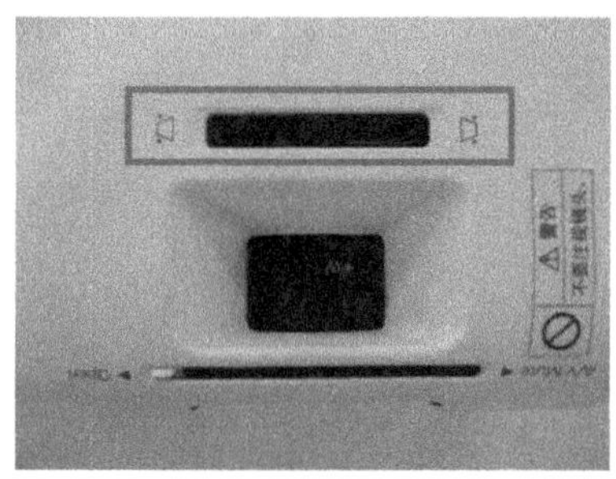

图6-11　调整投射画面梯形修正

步骤5　打开计算机，用VGA线将计算机与投影仪相连接，如图6-12所示。

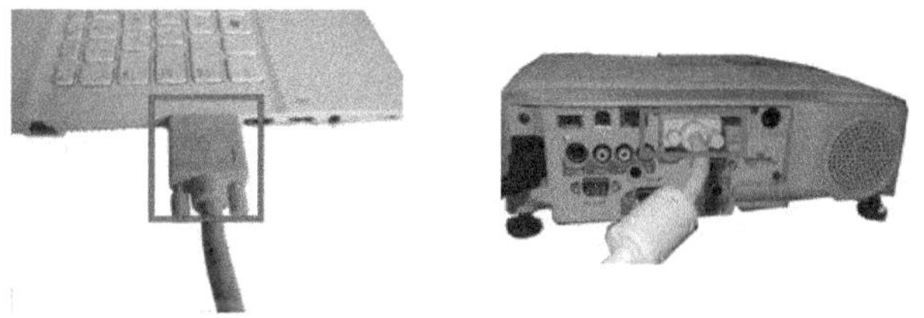

图6-12　连接计算机与投影仪

步骤6　按下“Win+P”快捷键，播放视频并打开笔记本计算机投影功能，如图6-13所示。

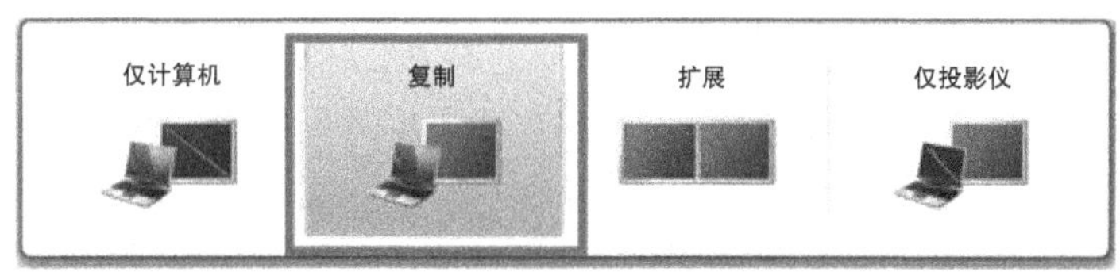

图6-13　投影

步骤7　通过调整投影仪投射画面的大小按钮对投射画面的大小进行微调，如图6-14所示。

步骤8　通过调整投影镜头调整画面的对焦，使得画面可以清晰呈现，如图6-15所示。

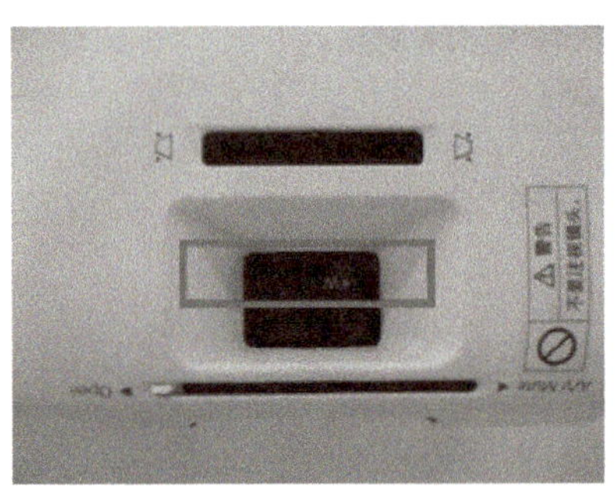

图 6-14　调整投射画面大小

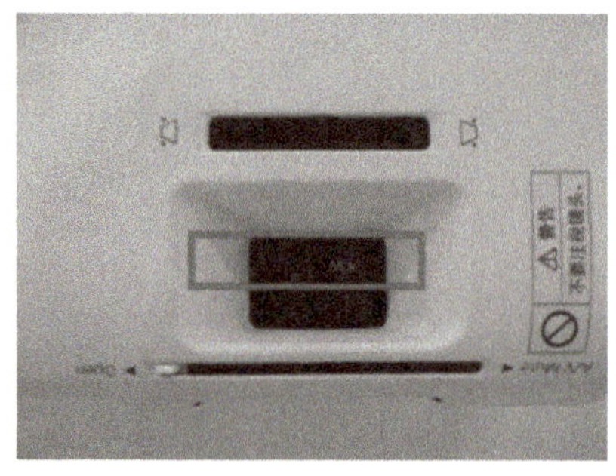

图 6-15　调整画面对焦

拓展阅读

一、投影仪种类

常用投影仪为 LCD（Liquid Crystal Display，液晶显示）投影仪和 DLP（Digital Light Processing，数码光路处理器）投影仪。

（一）LCD 投影仪

LCD 投影仪是利用液晶显示技术的投影仪。液晶具有特殊的电光效应，在电场作用下，液晶分子的排列会发生变化，从而影响液晶单元的透光率和反射率，影响光学性质，能产生具有不同灰度层次及颜色的图像。LCD 投影仪分为液晶光阀投影仪与液晶板投影仪。液晶板投影仪有单片式的，也有三片式的。在三片式液晶板投影仪中的液晶板上，每一个液晶单元代表一个像素，液晶单元受信号电压的控制，从而控制光路的通与断，所加电压的不同，可以使像素呈现不同的灰度级。工作时，光源的光线通过滤光、分色系统形成红、绿、蓝三色光，分别投射到三块液晶板上，从三块液晶板上透射出的光携带图像信息，由镜头放大呈现于银幕上。

（二）DLP 投影仪

DLP 投影仪是用数字微镜装置（DMD）作为反射镜反射光信息到银幕上的投影仪。DMD 将几十万到上百万个 16 μm × 16 μm 的方形铝镜建造在 CMOS 之上，每一个铝镜对应一个像素，可反射一个像素的光。在电作用下，镜片在 –10°~ +10° 之间转换，当镜片成 +10° 时为接通状态，光源的光被反射后通过透镜投射到银幕上；当镜片成 –10° 时为断开状态，反射光不投射到银幕上。通过控制每一个镜片下像素单元电的通断工作，改变其通断时间的长短，获得每个像素不同灰度的投影。DLP 投影仪的彩色再现，是使入射光通过红、绿、蓝分光系统实现的。单个 DMD 的 DLP 投影仪，借助旋转色轮分色。色轮由红、绿、蓝滤色镜组成，当色轮旋转时，红、绿、蓝光依次地照到 DMD 上。3 个 DMD 的 DLP 投影仪，利用分光棱镜将光源的光线分成红、绿、蓝三色，分别作用于 3 个 DMD。

二、投影仪的性能指标

选择投影仪主要着眼于分辨率、亮度和均匀度等性能指标。

（一）分辨率

投影仪的分辨率是指内部核心电光器件的物理分辨率（又称真实分辨率），可能是 VGA（640×480）、SYGA（800×600）、XGA（1624×768）、SXGA（1280×1024）、UXGA（1600×1200）、QXGA（2048×1536）中的一种或接近其中的一种。投影仪还有兼容分辨率（又称最大分辨率）。兼容分辨率是指投影仪最大可接受分辨率，通常比其物理分辨率高一级。

（二）亮度

亮度是指投影仪投射在银幕上的光亮度，通常用 ANSI 流明表示。投影仪的亮度不宜过低或过高。若投影仪的亮度很低，在教室中只有拉上遮光很好的窗帘，并关闭室内照明，投射的画面才有较好的呈现效果；若投影仪的亮度非常高，长时间观看其投射内容会目眩、眼花。投影仪的合适亮度，取决于环境光线条件、教室的大小、银幕的种类和应用目的（如在观看时需不需要记笔记，呈现画面有无丰富的细节，连续观看时间的长短）等因素。投影仪亮度一般在 2000 ANSI 流明左右较为合适。

（三）均匀度

均匀度反映投射画面边缘亮度与中心亮度的差别，均匀度越好，呈现画面的效果越好。

三、投影仪的调节

投影仪的使用调节，分为通过机身面板的按钮调节和遥控器按钮调节两种方式。

（一）投射画面大小调节

通常通过改变放映距离和改变投影仪镜头焦距实现。在放映距离一定的条件下，镜头焦距越短，投射画面越大。投影仪上的变焦操作，有手动变焦和电动变焦之分。手动变焦是用手旋转镜头上的变焦环；电动变焦是按投影仪面板或遥控器上的变焦按钮（通常标有 ZOOM 或缩放字样）或通过菜单选择“变焦”命令进行。就一般而言，将投影仪镜头置于较长焦距下，投射光斑的光线均匀性好，还给人以画面清晰度更高、更亮和更细腻的感觉。利用数字变焦功能、局部放大功能，可以在投影光斑大小不变的条件下，放大显示画面对象。

（二）投射画面清晰度调节

通常通过聚焦（FOCUS）解决投影画面不清晰的问题。投影仪的聚焦调节形式有手动和电动之分。手动聚焦是用手转动镜头上的变焦环；电动聚焦是按投影仪面板或遥控器上的聚焦钮，或通过菜单选择聚焦命令进行。

（三）亮度、对比度、饱和度调节

通过调出投影仪特有的控制菜单进行。色调调节的本质是改变红、绿、蓝三色中每种色光的强度。

（四）画面正反上下调节

投影仪可以通过菜单操作使画面上下颠倒和左右镜像调整。上下颠倒画面利用上 / 下（Up/Down）或地装 / 吊装（Desk/Ceiling）、旋转（Rotate）等菜单进行；左右镜像调整利用前投 / 背投（Front/Rear）、镜像（Left-Right、Mirror）等菜单进行。

（五）冻结及遮屏调节

冻结（Freeze）又称锁定，是将呈现的画面定格于银幕，而不随信号源输入投影仪的可视化信号变化而变化。遮屏（Reveal，或 Blank、Shutter）又称空白，该功能下投影仪投射单色光斑或黑屏，而不投射任何内容信息，其作用是将观看者的注意力转移到解说者的讲授和板书内容方面。多数投影仪可选择变化该功能下投射单色光斑的颜色。

（六）输入源选择及转换效果设置

输入源选择是使用者选择确定将哪个接插口送入的可视化信息呈现，一般通过按投影仪面板或遥控器上标有 SOURCE 或 Input Select 字样的选择按钮进行。一些投影仪每一类输入对应一个输入按钮（如有 RGB、S-VIDEO、VIDEO 等按钮）。所有投影仪都可以利用菜单进行输入源选择，许多投影仪在变换信号输入源时，具有屏幕转换效果，而且可用菜单中的屏幕转换命令（如 View Change）设置转换效果。

（七）画面位置及梯形调整

投影仪提供了多种调整画面位置的方式，新型投影仪还提供有画面比率（Aspect）和梯形校正（Correct Keystone Distortion）等调整。当投影仪投影于银幕上的光斑不为矩形时，利用梯形校正功能可在一定范围内解决该问题。

巩固训练

小余的学校承担了上级部门要求的一系列社会培训活动。一天，学校安排小余到居委会对居民开展一次读书交流活动，要求小余带好笔记本电脑、移动投影仪到居委会活动室，并连接投影仪与笔记本，投影出会议所需 PPT。请根据自己掌握的技能，完成投影工作。

职业技能鉴定指导

一、知识技能复习要点

1. 了解常用投影仪的类型。
2. 了解投影仪的性能指标。
3. 掌握投影仪与各种信号源的连接方法和技巧。
4. 掌握投影仪的各项参数调节的方法和技巧。

二、模拟训练

（一）填空

1. 常用投影仪一般分为 ＿＿＿＿＿＿、＿＿＿＿＿＿＿ 两种类型。

2. 衡量投影仪的性能指标有三项：＿＿＿＿＿＿、＿＿＿＿＿＿、＿＿＿＿＿＿。

3. 常见的投影仪品牌有（列举四种）＿＿＿＿、＿＿＿＿、＿＿＿＿、＿＿＿＿。

（二）选择

1. 要将计算机上的内容投影出来，下次哪项内容不在操作范围（　　）。

A．开计算机电源　　B．开投影仪电源

C．用VGA线连接计算机与投影仪　　D．用音频线连接计算机与投影仪

2. 下列哪项内容不是投影仪的调节参数（　　）。

A．调节画面大小　　B．调节正投/背投等方式

C．调节播放速度　　D．调节画面梯形

三、技能实训

公司要在展销会上播放本公司的产品介绍视频，需要组装一套由移动投影仪和笔记本电脑组装的播放装置，请完成投影和播放的任务。

任务评价

任务实施评价表

评价项目	评价关键点	配分	自评分	互评分	教师评分
启动投影仪	打开投影仪电源	5			
	等待投影仪启动后预热	5			
	连接好投影仪线缆	5			
使用投影仪	将投影仪放置到合适的位置	15			
	正确设置投影画面的大小	15			
	选择投影仪信号源	10			
	修正画面的梯形	10			
	设置画面的亮度	10			
	设置画面对焦	15			
关闭投影仪	关闭投影仪电源	5			
	整理投影仪的线缆	5			
总　分		100			

任务二 用无线演示器演示工作成果

训练目标

1. 能熟练使用无线演示器演示 PPT。
2. 能熟练使用无线演示器进行播放视频、切换程序等操作。

任务情境 1

小刘是一名软件公司的办公室文员。公司近期与中国电信有一个软件开发合作项目，下周一，中国电信将派部门经理到本公司了解软件项目的开发进度。公司的项目经理已做好项目进度汇报 PPT 并转交给小刘，要求小刘提前投影出 PPT，并在项目经理讲解的同时，小刘要使用无线演示器进行 PPT 的翻页操作。公司的无线演示器为大行 A208，计算机上安装的是 WPS 软件，小刘应该如何完成任务？

操作步骤

步骤1　启动计算机，打开演示需要用的PPT并熟悉内容，单击“幻灯片放映”选项下的“从头开始”按钮，如图6-16所示。

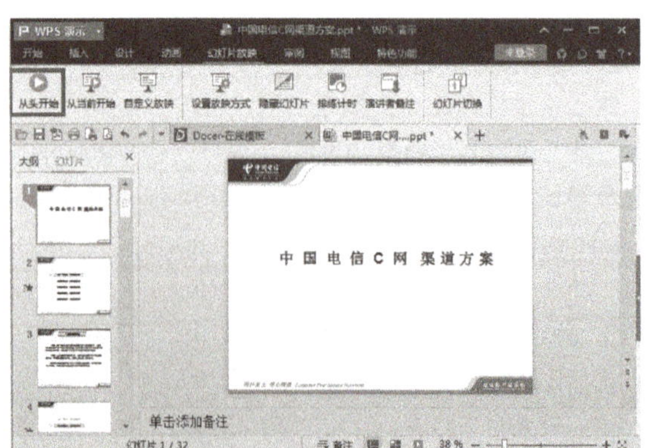

图6-16　打开PPT

步骤2　打开投影仪电源，启动投影仪，如图6-17所示。

投影仪并不立即显示，需要一个预热的过程。在预热的过程中，灯泡由暗慢慢变亮。

步骤3　将投影仪的VGA线与计算机VGA接口相连，如图6-18所示。

步骤4　右击电脑桌面，选择“屏幕分辨率”命令，如图6-19所示。

图6-17　打开投影仪

图 6-18　连接投影仪和笔记本电脑

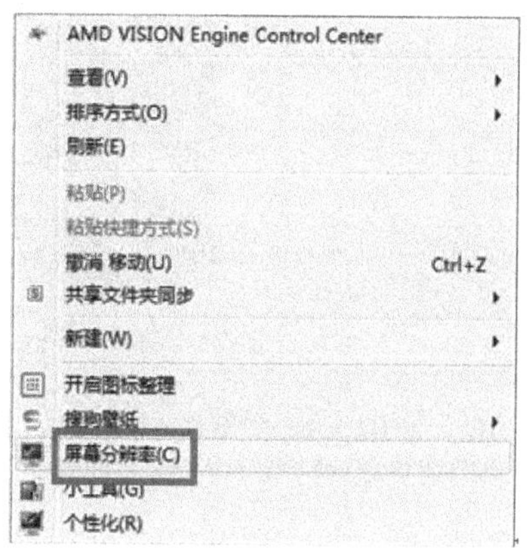

图6-19　选择屏幕分辨率

步骤5　在弹出的窗口中选择连接到“投影仪”选项，如图6-20所示。

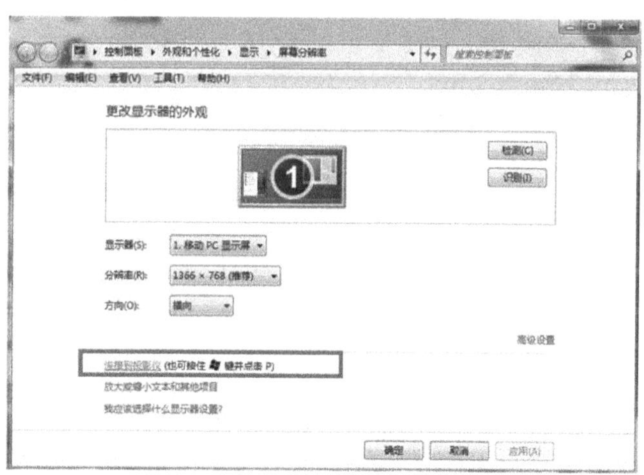

图 6-20　连接到投影仪

步骤6　在弹出的窗口中选择“复制”选项，如图6-21所示。

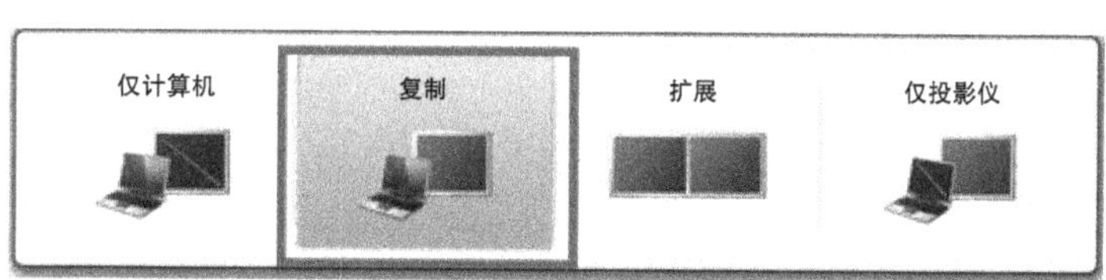

图 6-21　投影

步骤7　将无线演示器的接收端插入计算机USB接口，并安装驱动程序，如图6-22所示。

图6-22　将无线演示器接收端插入计算机USB接口

步骤8　使用无线演示器的控制端进行翻页（向前翻页、向后翻页），如图6-23所示。

步骤9　在项目经理讲到重点时，使用激光束进行强调，如图6-24所示。

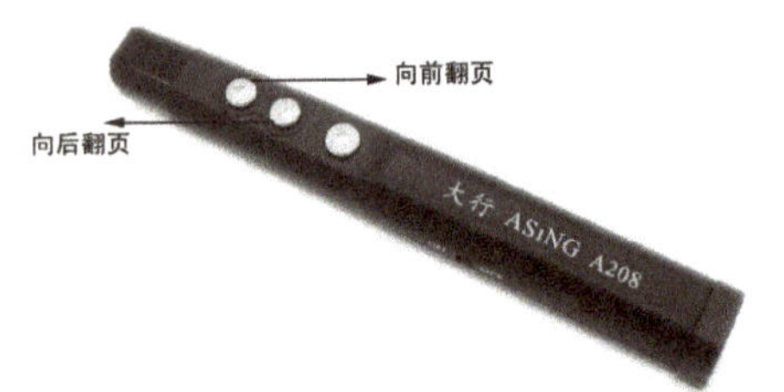

图6-23　使用无线演示器进行翻页

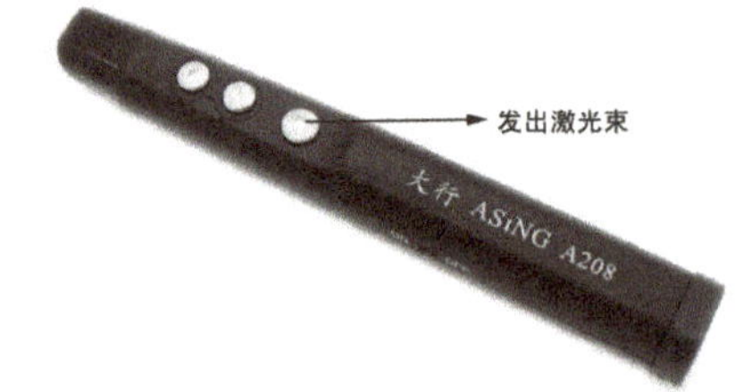

图6-24　使用无线演示器发出激光束进行强调

任务情境 2

临近年终，公司经理要求所有员工就一年的工作做述职汇报。因为是第一年参加工作，小刘对述职特别重视，不但制作了 PPT，还将平时的工作点滴制成了视频。小刘准备在述职时使用无线演示器进行演示，并在述职中途使用无线演示器切换至视频播放软件播放视频，待视频播放完毕后，再切换回 PPT。计算机上安装的软件是 WPS，操作系统为 Win7 系统，投影仪为 EPSON CB-97，无线演示器为大行 TY-021 。小刘应该如何完成述职任务？

操作步骤

步骤1　启动计算机，单击“幻灯片放映”选项下的“从头开始”按钮，如图6-25所示。

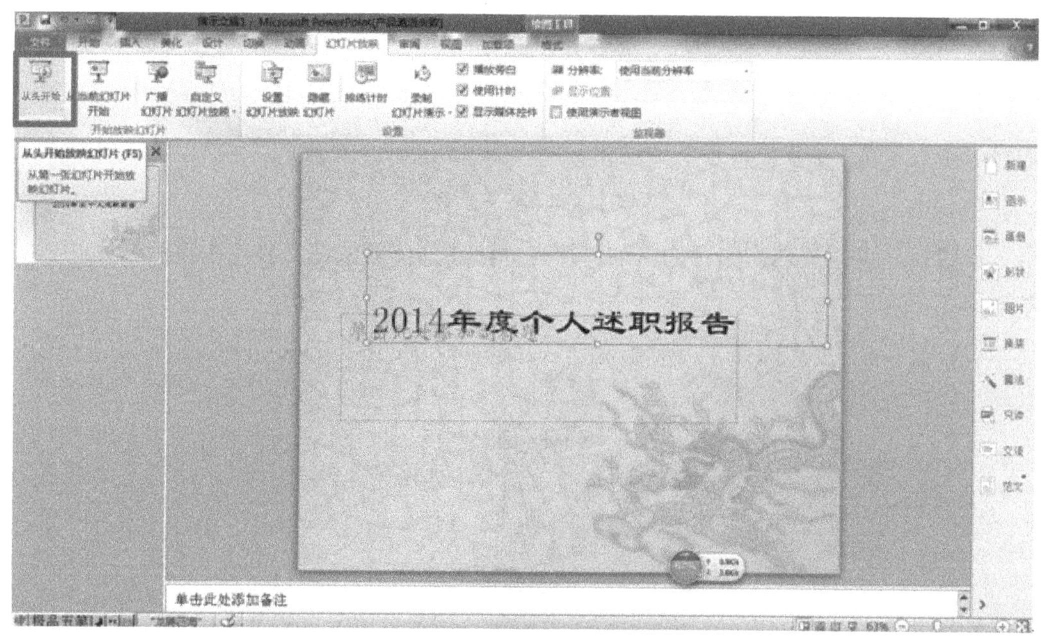

图6-25　打开需用到的PPT

步骤2　使用视频播放软件播放视频，并在片头位置选择暂停。

步骤3　打开投影仪电源，启动投影仪。

步骤4　将投影仪的VGA线与计算机相连，按下“Win+P”快捷键，在弹出的窗口中选择“复制”选项。

步骤5　将无线演示器的接收端插入计算机USB接口，并安装驱动程序。

步骤6　打开无线演示器的电源开关，如图6-26所示。

步骤7　使用无线演示器的控制端进行向后翻页，如图6-27所示。

步骤8　长按住无线演示器的程序切换按钮，如图6-28所示。

图6-26　打开无线演示器电源开关

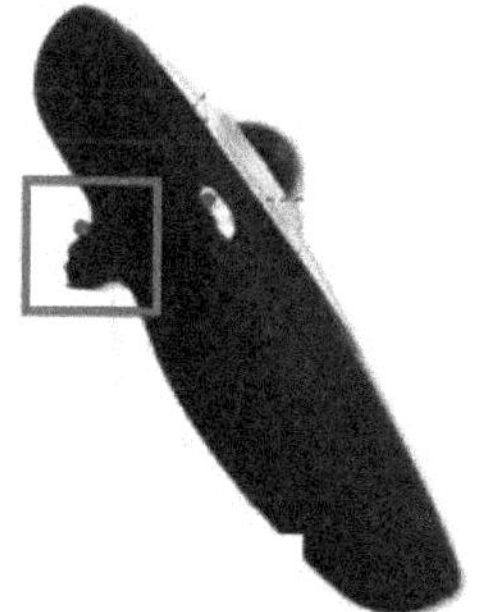

图6-27　使用无线演示器控制端

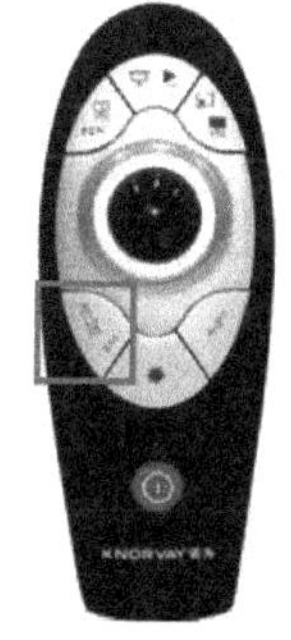

图6-28　切换程序

步骤 9　在弹出的窗口中选择视频播放程序，如图6-29所示。

图6-29　选择视频播放程序

步骤10　使用无线演示器的滚动球将光标移动到播放按钮，并点击播放，如图6-30所示。

图6-30　移动光标方向球

步骤11　待视频播放结束后，长按住无线演示器的程序切换按钮，将屏幕切换回PPT，如图6-31所示。

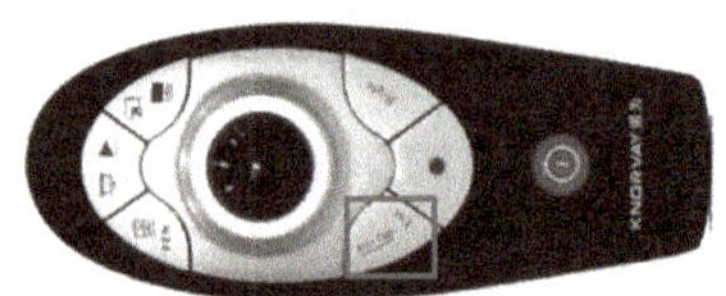

图6-31　切换程序

巩固训练

一、认识无线演示器

无线演示器（图 6-32）的名称有很多，不同的名称强调的侧重点是不一样的。有人称它遥控激光笔，是因为它可以遥控计算机。有人称它翻页激光笔，是因为它可以在演示的时候进行翻页。有人称它 PPT 翻页笔，是指这个产品主要用在控制 PPT 翻页的场合。还有人称它遥控电子教鞭。

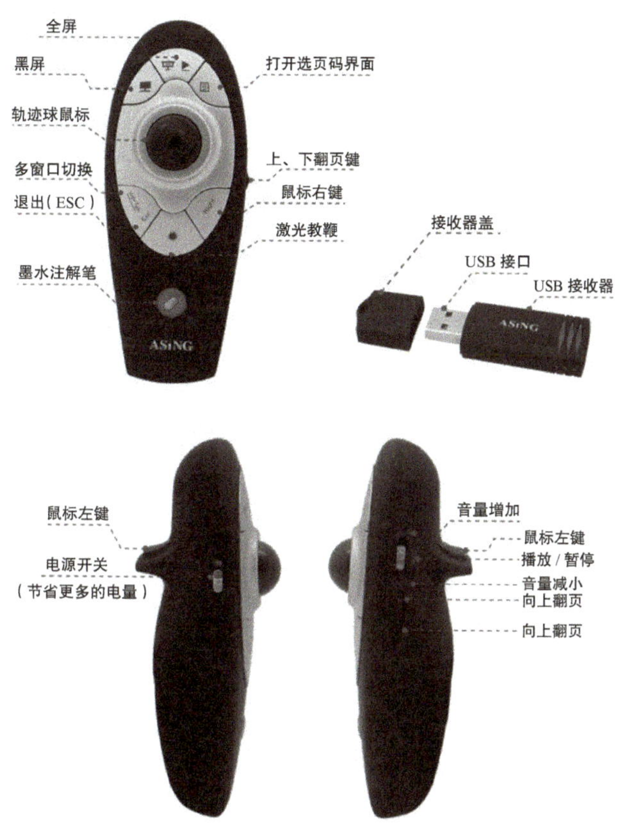

图6-32　无线演示器

二、原理

无线演示器结合无线技术和计算机 USB 技术控制计算机进行翻页，功能上相当于计算机遥控器。产品通常包含一个发射器与一个接收器。接收器类似 U 盘，当插在计算机的 USB 接口上时，计算机会自动安装相应的驱动。此时，按发射器上的按键，即可实现无线控制计算机。

无线演示器产品所用的无线技术通常有红外和射频两种。日常生活中的电视遥控器、空调遥控器，使用的都是红外技术。射频类产品没有方向性，发射器和接收器之间只要没有大面积的能起屏蔽作用的金属阻挡物，就可正常使用。射频产品的成本通常要高一些，但其无方向性，使用更方便。

三、无线演示器的益处

1. 使用者在讲演到关键或重要内容时，再也不需要亲自走到投影屏幕前用手与其“零距离接触”了，可以直接用激光束指示重点内容。

2. 彻底解决使用者使用鼠标和键盘在计算机旁边操作的不便，解决使用者不能离开讲台演说的束缚。使演讲者可以近距离和听众沟通、交流，而不失去对计算机的控制。

3．能适应当前多媒体演讲演示的需要，最大限度地提高使用者的演讲效果，提高用户现代信息化演讲工具使用水平与工作效率。

巩固训练

一天，经理要到一个研讨会上进行学术讲座，要求小刘提前到研讨会的会场准备好PPT，并连接讲座用的投影仪和无线演示器。请根据自己掌握的技能，完成准备的工作。

职业技能鉴定指导

一、知识技能复习要点

1. 了解无线演示器的功能和各种应用场合。
2. 掌握无线演示器使用的方法和技巧。

二、模拟训练

（一）填空

1. 无线演示器通常由 ____________、______________ 两部分组成。
2. 无线演示器所用的无线技术通常有 ___________、___________ 两种类型。

（二）选择

1. 射频类无线演示器的特点不包括（　）。

A．传输距离长　　B．控制器一定要对准接收器

C．控制器与接收器中间可以有障碍物

2. 无线演示器的功能不包括（　）。

A．可以当麦克风使用　　B．可以代替鼠标　　C．可以控制PPT的播放

三、技能实训

公司要在展销会上通过播放 PPT 和影像资料介绍本公司的产品，在介绍产品的时候为方便与顾客互动，需要使用无线演示器代替鼠标，请完成演示工作。

任务评价

任务实施评价表

评价项目	评价关键点	配分	自评分	互评分	教师评分
启动无线演示器	打开无线演示器电源	5			
	将无线演示器接收器插入计算机USB接口	5			
	安装无线演示器驱动	10			
使用无线演示器	使用翻页功能	15			
	使用激光笔功能	10			
	使用程序切换功能	15			
	使用幻灯片播放功能	10			
	使用移动光标功能	10			
	使用单击功能	10			
关闭无线演示器	关闭电源	5			
	取出电池	5			
总　分		100			

任务三 投影仪的保养及常见故障排除

Task 3

训练目标

1. 能熟练对投影仪进行保养。
2. 能熟练排除投影仪的各种常见故障。

任务情境 1

小余是某公司的办公室文员，办公室主任安排小余保养公司的一台移动式投影仪，投影仪的型号是 EPSON CB-97。小余应该从哪些方面做好保养工作呢？

保养操作

一、做好防潮工作

在潮湿的天气，每隔几天要开一小会儿投影仪，以便投影仪不被湿气损坏。

二、做好防尘工作

投影仪在使用一段时间后，应拆掉进风口附近的过滤网，取下过滤网进行清洗，待清理干净后再安装上。

三、不频繁开关机，不强制切断电源进行投影仪关机

频繁开关投影仪，容易导致投影仪损坏。投影仪在工作的时候发热量非常大，在正常关机后，散热风扇还将工作一段时间，将投影仪内部的热量散尽。强制切断电源进行关机，可能导致内部热量不能排出，从而烧坏投影仪内部器件。

四、经常清洁

除了经常清洗通风口外，应定期（一般一至两年一次）请专业人员对投影仪内部进行清洗。

五、移动式投影仪携带过程中应注意防震

移动式投影仪在携带的过程中，应使用包装盒、泡沫等物品包装，注意防震。另外，切忌在投影仪工作的时候随意移动投影仪。

任务情境 2

小余在使用计算机投影的过程中，投影仪能正确开机并投影出蓝光，但计算机内容投影不到投影仪。小余应该如何处理？

操作步骤

步骤1　分析故障原因。

计算机内容不能投影，先要看计算机是否切换到投影模式，然后看信号线是否连通，再看投影仪能否正确收到计算机的信号。

步骤2　切换到投影模式，如系统为Win 7，直接按“Win+P”键，然后选择复制。

步骤3　尝试换一条连接计算机与投影仪的VGA线。

步骤4　按下投影仪遥控器的“INPUT”键，在各种信号源之间切换，看有没有计算机的屏幕画面。

任务情境 3

小余在使用投影仪时，发现投影仪投影的画面模糊，亮度较低。小余应该如何处理？

操作步骤

步骤1　分析故障原因。

（1）可能原因 1

投影仪的镜头对焦不准确，导致画面不清晰。

（2）可能原因 2

投影仪亮度设置较低。

（3）可能原因 3

投影仪的灯泡使用寿命已到。

（4）可能原因 4

投影仪内部零件老化。

步骤2　解决故障。

（1）针对可能原因 1 的处理

手动调整投影仪的镜头，直到画面清晰。

（2）针对可能原因 2 的处理

通过投影仪遥控器设置投影仪的亮度到合适值。

（3）针对可能原因 3 的处理

请专业维修人员更换投影仪灯泡，一般一个灯泡理论使用时间为 2000 ~ 3000 小时。

（4）针对可能原因 4 的处理

请专业维修人员维修。

任务情境 4

小余在使用投影仪时，发现投影仪的画面形状不规整。小余应该如何处理？

操作步骤

步骤1　分析故障原因。

投影仪在安装时，很难垂直于投影幕并且正对投影幕的中心点。有时，为了便于安置和使投影仪不影响观看者的视线，就会偏离垂直的中心线。这时，投影幕距离较近的一边投射来的光线扩散小于较远的一边的扩散，投放出来的影像就会相对的两边宽度不同。这样，矩形（方形）的影像就变成了梯形。

步骤2　解决故障。

方法一　把便携的投影幕对正投影仪。虽然不能完全杜绝画面形状不规整，但在要求不高的情况下还是可以使用的。

方法二　通过遥控器设置投影仪的梯形修正功能。

拓展阅读

随着投影仪售价的逐步走低，投影仪涉及的应用场合越来越广泛，个人家庭娱乐、商务办公应用、学生课堂教育、公共场合演示等处都可以看到投影仪的身影，个人接触投影仪的机会也越来越多了。然而，投影仪是一种高度精密的电子产品，集机械、液晶或DMD、电子电路于一体，而且投影灯泡是一种消耗品，如果平时不适当的操作投影仪，就容易造成投影仪部件的故障或损坏，从而给用户带来不必要的经济损失。下面简单介绍一下投影仪在日常使用过程中需要注意的使用和维护技巧。

（一）注意防尘问题

灰尘可谓投影仪的隐形杀手，接近半数的投影仪故障都是由灰尘直接或间接导致的，因此做好防尘、清尘工作十分重要。特别是固装投影仪，更是需要注意尘埃问题。如果灰尘积聚过多，会对内部电路板、液晶板产生不良影响；还会把进风口风扇堵住，影响进风口进风，使得投影仪内部温度升高。如果不及时清理投影仪的灰尘，就会增加投影仪部件故障的风险，严重时还会导致灯泡烧掉甚至爆炸。

一般的投影仪内部都设有防尘过滤网，一些新推出的投影仪还具有滤网更换时间统计功能，清洗过滤网也非常方便，手动把滤网卸下来，用毛刷把灰尘刷掉重新安装上即可。对于一些旧款机型，除尘相对麻烦一点，有的还要拆开机身进行处理。在注意保修条约的情况下，请专人或自己手动定期的为投影仪进行有效的除尘是必不可少的环节。

（二）防止碰撞、震动投影仪

只要不是严重的撞击，在非工作状态下碰撞到投影仪，问题不会太大。但投影仪在工作过程中，机身内部产生很大的热量，这时候如果碰撞到投影仪，对投影仪进行挤压和震动的话，就极容易损坏投影仪核心部件。另外，在工作过程中，投影仪灯泡会达到很高的温度，如果遇到外界震动，就很容易造成灯泡破裂或爆炸。因此，在投影仪工作的情况下，不要随意移动投影仪位置，不要将投影仪放在不平的位置上，投影仪摆放的位置要避免遭人碰撞。

（三）正确使用投影仪，延长灯泡寿命

投影仪灯泡的价格一直居高不下，一般投影仪灯泡寿命是 2000 ~ 3000 小时，如果平时使用不注意，灯泡寿命会大大缩短，正确使用投影仪有效延长灯泡寿命，从另一角度来说就是降低用户的使用成本，节省金钱。

（四）为投影仪增配一台 UPS

投影仪使用过程中，常常会出现不小心碰到投影仪或者电源线，导致投影仪突然断电。前面已经介绍过，投影仪在工作过程中会产生高温，突然断电导致机身散热系统停止工作是很危险的事情。为了避免突然停电这类型事件的发生，最好为投影仪配上一台功率匹配的 UPS，这样能够确保投影仪在突发情况下有足够的时间进行散热，起到很好的保护作用。

巩固训练

小余在使用投影仪播放 PPT 时，总是发现自己计算机上的内容无法传输到投影仪。请根据自己掌握的技能，完成故障的处理。

职业技能鉴定指导

一、知识技能复习要点

1. 掌握投影仪的保养方法。
2. 掌握投影仪常见故障判断及排除的方法和技巧。

二、模拟训练

（一）填空

1. 用户在为投影仪防尘清洁保养时，一般拆下投影仪的 ______ 进行除尘清洁。

2. 正确的投影仪关机方法为，先关 ________，待投影仪风扇停止工作后，方可切断电源。

（二）选择

1. 投影仪的灯泡一般可以使用（　）。

A．1000小时左右　　B．2000～3000小时　　C．永久有效

2. 投影仪是否需要用户本人定期拆机清洗（　）。

A．需要，如需拆机要请专业人士　　B．不需要清洗　　C．都可以

三、技能实训

公司在使用移动投影仪时发现，投影仪投射出的图像不规整且图像不清晰，应该如何让投影仪投射出的图像正常？

任务评价

任务实施评价表

评价项目	评价关键点	配分	自评分	互评分	教师评分
调整投影仪位置	在水平面上左右移动投影仪	20			
	在垂直方向调整投影仪各个角的立柱	20			
设置梯形修正	进入梯形修正的菜单	20			
	通过遥控或投影仪控制按钮逐步修正图像	20			
设置图像清晰度	调整投影仪镜头的焦距	20			
总　分		100			

任务四 无线演示器的保养及常见故障排除

训练目标

1. 能熟练对无线演示器进行保养。
2. 能熟练排除无线演示器的常见故障。

任务情境 1

小刘是某公司的办公室文员，办公室新买一个无线演示器，办公室主任要求小刘“照顾”好无线演示器。无线演示器的型号是大行ASING TY-021，小刘应该从哪些方面做好保养工作？

保养操作

一、做好防尘、防潮、防水工作

无线演示器在使用的过程中应注意保持干燥，避免放置在湿气较重的环境。同时要注意保持无线演示器的清洁，注意防尘。

二、无线演示器在使用完后应立即取出外置电池

为延长无线演示器的寿命，在使用结束后应立即取出外置电池，避免电池漏液腐蚀无线演示器的器件。

任务情境 2

小刘在使用无线演示器的过程中，突然发现无线演示器不能控制计算机，按任何键都没有反应。小刘应该如何处理？

操作步骤

步骤1　分析故障原因。

（1）可能原因 1

控制端的电池没有电了。

（2）可能原因 2

如为红外无线演示器，则可能是控制端与接收端方向未对正；如为射频的无线演示器，则可能是接收端附近有信号干扰。

（3）可能原因 3

无线演示器内部器件老化或损坏。

步骤2　解决故障。

（1）针对可能原因 1 的处理

取出旧电池，换上相对应型号的新电池。

（2）针对可能原因 2 的处理

如为红外无线演示器，则尝试调整控制端与接收端的距离和方向；如为射频的无线演示器，则检查下射频接收端附近是否有信号源在进行干扰。

（3）针对可能原因 3 的处理

内部器件老化，送专业的售后点进行维修。

拓展阅读

一、无线演示器常见故障解答

（一）为什么接收器摸上去很热

接收器的发热量主要是由接收器内部的芯片类型和数量决定。无线演示器产品有三种类型的接收器：普通的接收器、集成 Micro SD 卡的接收器 、集成 U 盘的接收器。普通的 USB 接收器的发热量是不大的，用手摸的时候，只有温的感觉。集成 Micro SD 读卡器的接收器，内部多了一个 USB HUB 芯片与一个读卡器控制芯片，发散量比普通的接收器大。集成 U 盘的接收器的发热量最大，它的内部多了三个芯片：USB HUB 芯片、USB 主控芯片和 Flash 芯片。这三个芯片的发热量都比较大，三个芯片加起来就比较热了。在读写 U 盘频繁的时候，这种现象更为明显，其内部温度最高可以达到 60 ℃。但这仍然在设计范围之内，不影响产品的使用。

（二）翻页激光笔都支持什么操作系统？不用安装驱动吗

目前常见的操作系统，如 Windows XP、Windows 7、Windows Server 2008、Linux、Mac 都带有无线演示器使用的驱动程序。当把无线演示器插到计算机 USB 接口上时，操作系统就自动识别该设备，然后自动安装自带的驱动程序。 所以对用户来说，只需要在计算机 USB 接口上插入无线演示器的接收器，然后等上 3 ~ 5 秒，就可以使用了，不需要到网站上下载安装驱动程序，也不需要用驱动光盘安装驱动程序。

（三）同时使用多个无线演示器，会不会互相干扰

由于一般的无线演示器采用的是一对一的对码技术，一个接收器只接收与之相对应的发射器的地址码，同时产品具有跳频功能。当某个频段干扰严重时，会自动跳到另一个频段工作，所以多套产品同时使用不会相互干扰。

（四）控制距离会受什么因素影响吗

控制距离会受到接收器和发射器使用的位置和方向影响，发射器对准接收器的情况下控制的距离是最远的，其他情况都会或多或少的影响控制距离。

巩固训练

小刘在使用无线演示器时，发现无线演示器有时能用，有时不能用。请根据自己掌握的技能，完成故障的处理。

职业技能鉴定指导

一、知识技能复习要点

1. 掌握无线演示器的保养方法。
2. 掌握无线演示器常见故障判断及排除的方法和技巧。

二、技能实训

公司的红外无线演示器，最近一段时间使用时会突然失灵，请尝试根据所学知识排除故障。

任务评价

任务实施评价表

评价项目	评价关键点	配分	自评分	互评分	教师评分
部署好无线演示器	将接收器插入计算机USB接口	20			
	打开控制端电源	20			
故障排除	尝试换不同的角度，以保证发射器与接收器中间无障碍物	20			
	检查周围有无干扰源	20			
	更换无线演示器的电池	20			
总　分		100			

模块七 Module 7 碎纸机的使用与维护

碎纸机是将纸张分割成很多细小纸片，以达到保密目的的一种办公设备。目前，碎纸机广泛应用于日常办公。因此，掌握碎纸机的使用和维护是每名办公人员必须掌握的技能。本模块主要介绍碎纸机的使用与维护。

任务一 用碎纸机粉碎资料

Task 1

训练目标

能熟练使用碎纸机粉碎资料。

任务情境

小王任职于智慧贸易有限公司，刚从中职学校毕业的她做总经理助理。该公司是一家小型企业，主要经营家具对外出口业务。一天，总经理交给小王一叠废弃合同，要求她用碎纸机处理。公司所用的碎纸机是科密 C-638，小王应该如何操作呢？

操作步骤

步骤1　打开碎纸机的电源，启动碎纸机，如图7-1所示。

步骤2　将废弃合同（最多一次5张纸）塞进碎纸机入口，如图7-2所示。

如果合同带有订书钉或回形针，只要纸张不超过 5 张，可以一并塞进碎纸机入口。如果超过 5 张纸，需将纸张拆开，分多次塞入碎纸机。

步骤3　一阵电动机转动的声音后，纸张会自动进入碎纸机。停止运行后，打开碎纸桶就可以看见纸张粉碎后的效果，如图7-3所示。

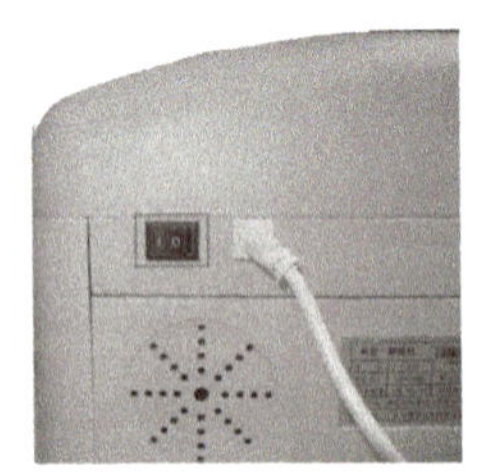

图7-1　打开碎纸机的电源

图7-2　将纸张塞进碎纸机入口

图7-3　纸张粉碎后的效果

拓展阅读

一、认识碎纸机

碎纸机（图 7-4）有切纸刀和电动机两大主要部件，它们通过皮带和齿轮紧密地连接在一起。电动机带动皮带、齿轮，把能量传送给切纸刀；而切纸刀通过转动，用锋利的金属角把纸切碎。

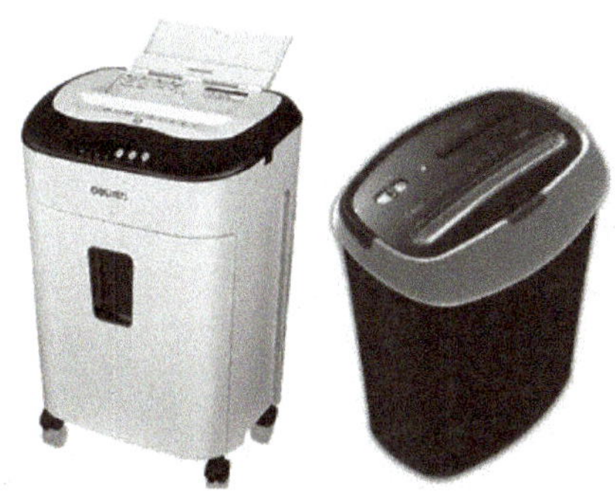

图7-4　碎纸机

随着碎纸机的发展，根据使用对象、使用环境的不同，分为手摇碎纸机、桌面型碎纸机、小型个人 / 家用碎纸机、中型办公碎纸机、大型办公碎纸机等几种。

市面上有些碎纸机可选择两种或两种以上的碎纸方式。碎纸方式是指当纸张经过碎纸机处理后被碎纸刀切碎后的形状。根据碎纸刀的组成方式，现有的碎纸方式有碎状、粒状、段状、沫状、条状、丝状等。现在的碎纸机，除了对纸张的处理，也可以切割银行卡、光盘等。不同的碎纸方式适用于不同的场合，如果是一般性的办公场合，选择段状、粒状、丝状或条状的就可以了。但如果是用在一些对保密要求比较高的场合，就一定要用沫状。当前采用四把刀组成的碎纸方式是最先进的工作方式，碎纸的纸粒工整利落，能很好达到保密的效果。

二、购买碎纸机需考虑的要素

购买碎纸机主要考虑的是保密等级、碎纸能力、处理材质、纸屑仓容量、安全保护等。

巩固训练

一天，公司的总经理交给小王一叠废弃资料，有照片、工资表等，让她用碎纸机处理。请根据自己掌握的技能，完成碎纸的工作。

职业技能鉴定指导

一、知识技能复习要点

1. 了解碎纸机的工作原理。

2. 掌握用碎纸机粉碎文档的方法和技巧。

二、模拟训练

（一）填空

1. 购置碎纸机，一般要考虑__________、__________、__________、__________等特性。

2. 碎纸机除了对纸张的处理，还可以______________________________。

（二）选择

1. 一般碎纸机最多可以同时碎（　）纸张。

A．1　　B．5　　C．10

2. 碎纸机可以粉碎纸张、银行卡和（　）。

A．毛巾　　B．硬金属　　C．光盘

三、技能实训

废弃合同中存在A3大小的图纸和超过5张已装订成册的合同，试利用碎纸机进行处理。

任务评价

任务实施评价表

评价项目	评价关键点	配分	自评分	互评分	教师评分
启动碎纸机	打开碎纸机电源	10			
使用碎纸机	分拆纸张	40			
	放入碎纸机	20			
关闭碎纸机	关闭碎纸机电源	10			
	清理碎纸桶	20			
总　分		100			

任务二 碎纸机的保养及常见故障排除

训练目标

1. 能熟练进行碎纸机的保养。
2. 能熟练排除碎纸机的常见故障。

任务情境 1

小王公司的碎纸机使用比较频繁，经理指示小王将公司的碎纸机保养好，以保证公司正常办公的进行。公司所用的碎纸是科密 C-638，她需要从哪些方面对碎纸机进行保养?

保养操作

1. 机器内刀具精密、锐利，使用时注意，请勿将衣角、领带、头发等卷入进纸口，以免造成意外。

2. 碎纸桶纸满后，及时清除，以免影响机器正常工作。

3. 不要放入碎布料、塑料、硬金属等物体。

4. 为了延长机器寿命，每次碎纸量应低于机器规定的最大碎纸量为宜，没说明能碎光盘、磁盘、银行卡的机器，不要擅自放入机器。

5. 清洁机器外壳，先切断电源，用软布沾上清洁剂或软性肥皂水轻擦，切勿让溶液进入机器内部。不可使用漂白粉、汽油或稀液刷洗。

6. 不要让锋利物碰到外壳，以免影响机器外观。

任务情境 2

小王在使用碎纸机时，发现碎纸机不进纸，小王该如何处理?

操作步骤

步骤1　分析故障原因。

（1）可能原因 1

纸张一次放入太多。

（2）可能原因 2

碎纸机不通电。

（3）可能原因 3

传感器、电路板、电动机不能正常工作。

步骤2　解决故障。

（1）针对可能原因 1 的处理

纸张每次分成 5 张以下放入。

（2）针对可能原因 2 的处理

检查电源，打开碎纸机开关。

（3）针对可能原因 3 的处理

送到指定厂商处修理。

任务情境 3

小王在使用碎纸机时，发现碎纸机卡纸，小王该如何处理？

操作步骤

步骤1　分析故障原因。

可能进纸机器运行不畅。

步骤2　解决故障。

使用碎纸机的倒退功能，让纸张自行退出。

如不能自行退出，先切断电源，然后将碎纸那部分提出来倒置，将卡住的碎纸清除，然后再打开电源。

如果仍然不能退出纸张，切断电源，尝试倒过来，用螺丝刀清除一些碎纸。

职业技能鉴定指导

一、知识技能复习要点

1. 掌握碎纸机的保养方法。
2. 掌握碎纸机常见故障判断及排除的方法和技巧。

二、模拟训练

（一）填空

1. 机器内刀具精密、锐利，使用时注意，不要将__________、__________、__________等卷入进纸口以免造成意外。

2. 为了延长机器寿命，每次碎纸量应低于机器规定的最大碎纸量为宜，没说明能碎 ___________、___________、___________ 的机器，不要擅自放入机器。

（二）选择

1. 小王在使用碎纸机时，发现碎纸机卡纸，小王应该（　）。

A．直接抽出纸　　B．继续碎纸　　C．使用倒退功能退纸

2. 碎纸机表面脏了，可否用漂白粉、汽油或稀液刷洗（　）。

A．可以　　B．不可以　　C．无法判断

3. 下列物品中，能使用碎纸机进行处理的是（　）。

A．录像带　　B．信用卡　　C．软盘　　D．塑胶袋

4. 办公室需要购买一台碎纸机用于销毁机密文件，购买时首先应考虑的指标是(　)。

A．碎纸方式　　B．碎纸能力　　C．碎纸效果　　D．进纸宽度

三、技能实训

公司所用的是科密 C-638 碎纸机，使用时发现碎纸机卡纸。请根据自己所学的技能，完成故障的排除。

任务评价

任务实施评价表

评价项目	评价关键点	配分	自评分	互评分	教师评分
使用倒退功能	使用碎纸机倒退功能	20			
人工清理	关闭电源	10			
	手工清理卡住的碎纸	20			
	用工具清理卡住的碎纸	20			
继续通电碎纸	打开碎纸机电源	10			
	粉碎剩余纸张	20			
总　分		100			

模块八 Module 8 刻录机的使用与维护

刻录机，即CD-R，是英文CD Recordable的简称。使用刻录机可以刻录音像光盘、数据光盘、启动盘等，方便储存数据和携带。在日常办公时，利用刻录机可以把公司重要的资料备份到光盘上，防止硬盘损坏造成的数据丢失。掌握刻录机的使用与维护是每名办公人员必须掌握的技能。本模块主要介绍刻录机的使用与维护。

任务一 用刻录机刻录资料

Task 1

训练目标

能使用刻录机把资料刻录到光盘。

任务情境

小周是某公司办公室文员，管理着公司资料，有些资料非常重要，平时都保存在公司计算机里，一旦存储资料的硬盘损坏，就会对公司造成损失，所以需要将这些重要资料刻录到光盘上做备份。公司计算机安装的刻录软件是“Nero 10”，她应该如何完成刻录任务?

操作步骤

步骤1　按压刻录机上的右下角进出仓按键，打开刻录机托盘，如图8-1所示。

步骤2　将空白的光盘放置到刻录机托盘上，然后按压刻录机上的进出仓按键，使托盘进入刻录机，如图8-2所示。

图8-1　打开刻录机托盘

图8-2　将光盘放进托盘

步骤3　从开始菜单中，选择“所有程序”→“Nero ”→“Nero 10”→“Nero Burning ROM”命令启动刻录软件，如图8-3所示。

步骤4 在编辑窗口中，选择光盘类型、刻录类型后，单击“新建”按钮，如图8-4所示。

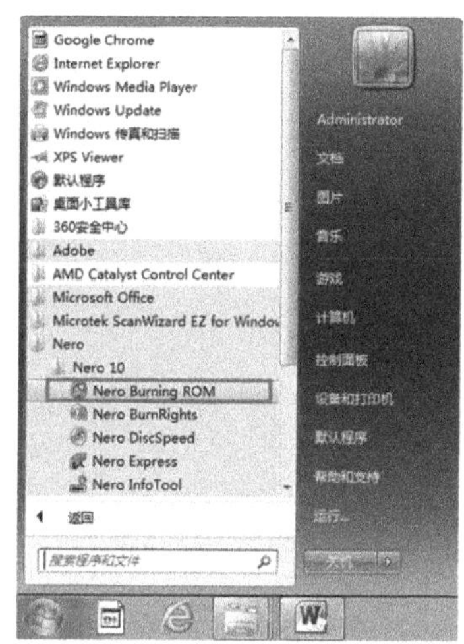

图8-3 启动刻录软件

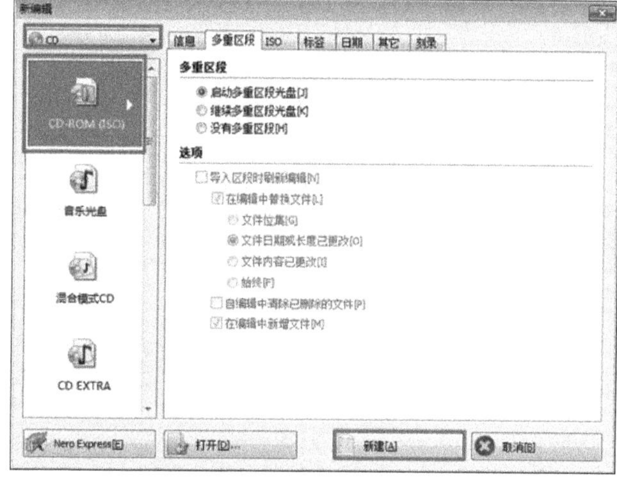

图8-4 选择光盘类型及刻录类型

步骤5 在刻录软件工作区右击光盘名称，选择“重命名”对光盘进行命名。由于本次刻录资料为公司的文档，所以本例命名为“文档资料”，如图8-5所示。

图8-5 重命名光盘名称

步骤6 命名完成后，选择“编辑 ”→“建立新文件夹”命令，在要刻录的光盘下添加一个文件夹，本例命名为“人事资料”，如图 8-6所示。

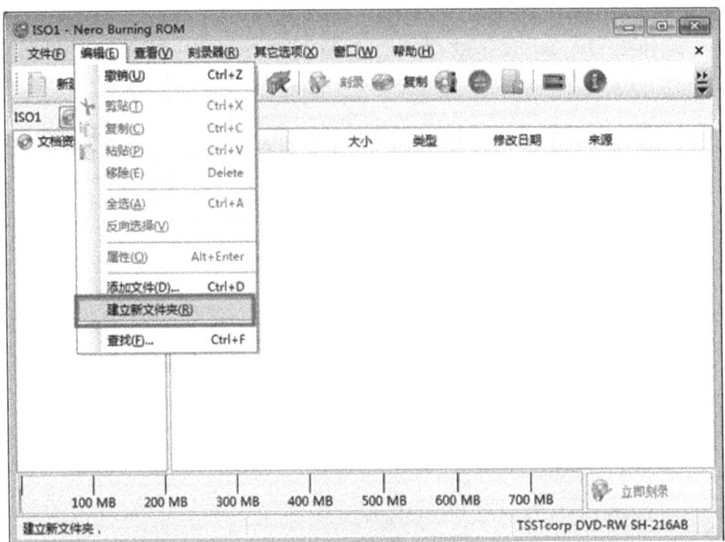

图8-6　创建文件夹

步骤7　选择上一步新建的文件夹，选择“编辑 ”→“添加文件”命令，进行文件添加，如图8-7所示。

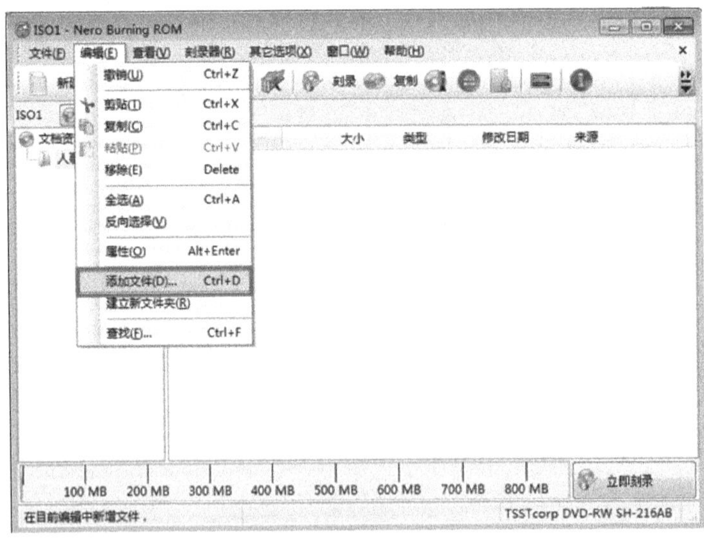

图8-7　添加文件菜单

步骤8　选择要进行刻录的文件，单击“添加”按钮，完成后如无其他资料添加，单击“关闭”按钮，如图8-8所示。

图8-8　添加文件

步骤9　完成刻录资料添加后，在刻录软件主界面单击“立即刻录”按钮，如图8-9所示。

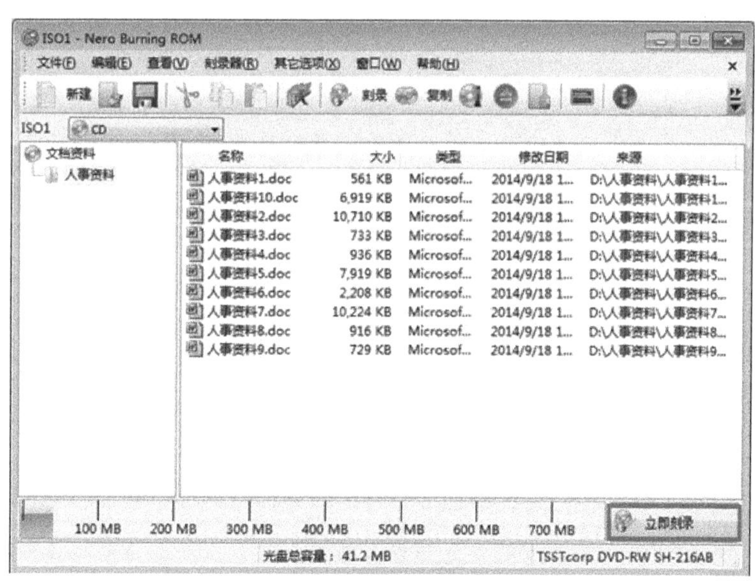

图8-9　完成资料添加

步骤10　在“刻录”对话框的“刻录”选项中选择光盘写入速度，单击“刻录”按钮，如图8-10所示。

图8-10　选择写入速度

步骤11　开始刻录，在软件界面上可看到刻录的进度、写入速度等信息，如图8-11所示。

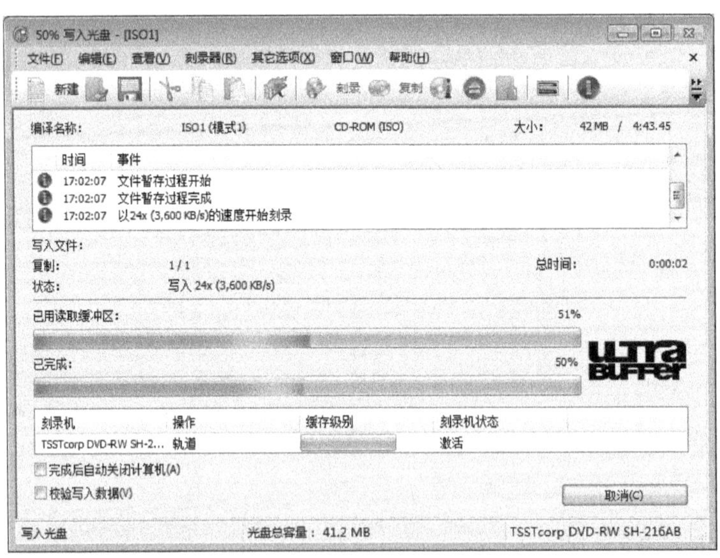

图8-11　写入光盘

步骤12　单击“确定”按钮，如图8-12所示，此时光驱托盘自动弹出，即可完成光盘刻录。

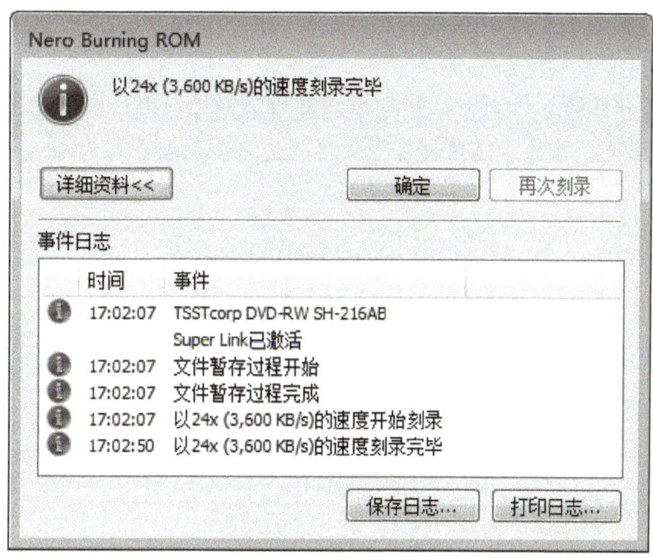

图8-12　完成刻录

拓展阅读

一、认识刻录机

刻录机是计算机的输出设备之一，刻录机除了可以像普通光驱一样使用之外，还可以向记录光盘中写入数据。根据安装位置的不同，刻录机可分为内置式和外置式两种；根据刻录机支持的格式不同，可以分为 CD 刻录机和 DVD 刻录机两种，其中 DVD 刻录机既能刻录 CD 光盘，又能刻录 DVD 光盘。衡量刻录机的技术指标有刻录速度、缓存容量等。目前常用的刻录机是 DVD 刻录机。

二、认识刻录光盘

不同的刻录机支持的刻录光盘也不一样。光盘有 CD 光盘和 DVD 光盘之分。其中 CD 光盘可分为 CD-R 和 CD-RW 两种，它们的特点如下：

CD-R：全称为 CD-Recordable，中文意思为“可记录光盘”，是一种一次写入、永久读的标准。CD-R 光盘只能一次写入数据。

CD-RW：全称为 CD-ReWritable，中文意思是“可擦写光盘”。这种光盘可多次写入数据。

DVD 光盘有 DVD-R 和 DVD+R 之分，相应的，也有可擦写光盘 DVD-RW 和 DVD+RW。

巩固训练

由于计算机上存储的资料太多，导致磁盘空间不够用，小周决定使用刻录机把早期的资料刻录到 DVD 光盘里存储。请根据自己掌握的技能，完成资料刻录操作。

职业技能鉴定指导

一、知识技能复习要点

1. 掌握使用刻录机把文档资料刻录到光盘的方法和技巧。
2. 掌握通过刻录机标志区分刻录机种类的方法和技巧。
3. 掌握通过光盘标志区分光盘种类的方法和技巧。

二、模拟训练

（一）填空

1. 根据安装位置不同，刻录机可分为内置式和 __________ 两种。
2. 刻录机除了可以读取光盘中的数据，还能向记录光盘中 __________。
3. CD 光盘分为 __________ 和 __________ 两种。

（二）选择

1.（　）是一种一次写入、永久读的光盘。

A．CD-RW　　B．CD-R　　C．CD-W

2.（　）是一种可多次写入的光盘。

A．CD-RW　　B．CD-R　　C．CD-W

3. 刻录机是计算机的（　）之一。

A．输出设备　　B．内部设备　　C．输入设备

三、技能实训

由于要把某次的培训资料以电子文档的方式发给公司员工以便学习，办公室工作人员小周需要使用刻录机把资料刻录到 DVD 光盘里，待培训完成后把光盘发给公司员工，请完成操作。

任务评价

任务实施评价表

评价项目	评价关键点	配分	自评分	互评分	教师评分
放置光盘	让刻录机托盘出仓	5			
	放置光盘	5			
	让刻录机托盘入仓	5			
使用刻录机刻录	启动刻录软件	10			
	选择光盘类型	10			
	选择刻录类型	10			
	对光盘进行重命名	10			
	建立新文件夹	10			
	添加文件	10			
	选择写入速度	10			
完成刻录	刻录完成后取出光盘	5			
	让刻录机托盘入仓	5			
	存放刻录好的光盘	5			
总　分		100			

任务二 刻录机的保养及常见故障排除

Task 2

训练目标

1. 能熟练进行刻录机的保养。
2. 能熟练排除刻录机的常见故障。

任务情境 1

小周作为公司办公室文员，经常要把公司里的重要资料使用刻录机刻录到光盘备份。为减少刻录机出现故障的概率，保证公司重要资料的存档，公司经理让她平时要注意对刻录机进行日常维护。公司计算机上的刻录机是联想品牌计算机自带的刻录机，她需要从哪些方面进行保养?

保养操作

一、安装刻录机的计算机放在平稳的平面上

刻录机读写盘时，光盘高速旋转。如果刻录机不平稳，不但不利于刻录机稳定地刻录数据，很容易出现坏盘，而且特别容易损伤激光头。

二、关闭刻录机托盘要使用刻录机上的开关仓按键

如果直接把托盘用手推进行刻录机中，对刻录机的进 / 出仓机械部分是有很大危害的，会加速机械部件的磨损和老化。

三、不读写光盘表面有划痕的光盘

有划痕的光盘对刻录机的纠错能力要求非常高，刻录机如果频繁处于这种纠错状态下，激光管的功率就会变得很大，会降低激光头的使用寿命。

四、定期、正确清洁激光头

对于非专业人员，可购买 VCD 清洁盘来清洁刻录机的激光头，这种清洁盘使用软毛刷对激光头进行清洁。

五、不要对IDE接口的刻录机进行热插拔

所有 IDE 设备都是不允许进行热拔插操作的，如果刻录机正在读盘时进行了热插拔的话，很容易损坏激光头。

六、不要连续刻录

连续刻录对于刻录机的损害十分大，因为热量很容易让激光头等内部重要器件老化。

七、不要使用最高写入速度进行刻录

由于光盘质量不一，使用刻录标准的最大写入速度有时会造成刻录品质大幅下降，数据报废的情况时有发生，因此建议按照刻录盘标称速度下降一档进行刻录。

任务情境 2

小周发现最近刻录的光盘的数据很难读出，甚至有的光盘读不出来，小周该如何处理？

操作步骤

步骤1　分析故障原因。

部分刻录机对光盘的要求比较高，光盘的厚度和均匀度等指标，都会影响到刻录的质量。

步骤2　解决故障。

光盘进行刻录时不要使用刻录机的标称速度，一般降低一档进行刻录，如图 8-13 所示。

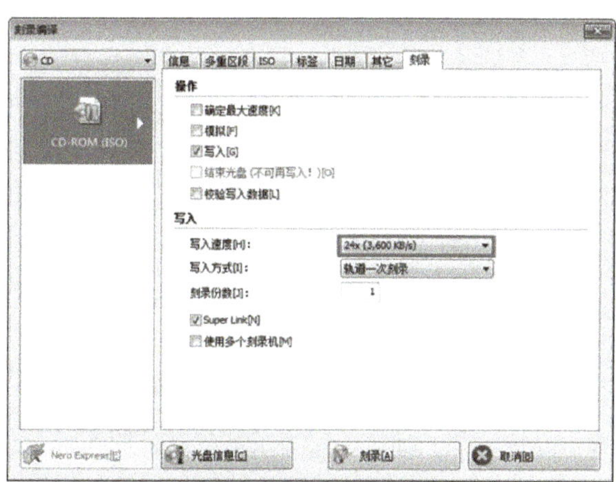

图 8-13　设置写入速度

任务情境 2

小周发现有时光盘托盘入仓后自动弹出或没有反应，且无法再出仓或出仓后马上又缩回。小周该怎么处理？

操作步骤

步骤1　分析故障原因。

这些现象都属于异常现象，通常情况下是托盘的进/出仓限位开关氧化损坏所致，有时皮带老化、托盘传动机械出现阻塞故障也会造成该类故障。

步骤2　解决故障。

如果是托盘不能出仓，可使用回形针插入刻录机上的紧急退出孔，如图 8-14 所示，托盘就会出仓，关闭托盘时只能用手推进的方法。如果是皮带老化、托盘传动机构出现阻塞，则需送专业部门维修。

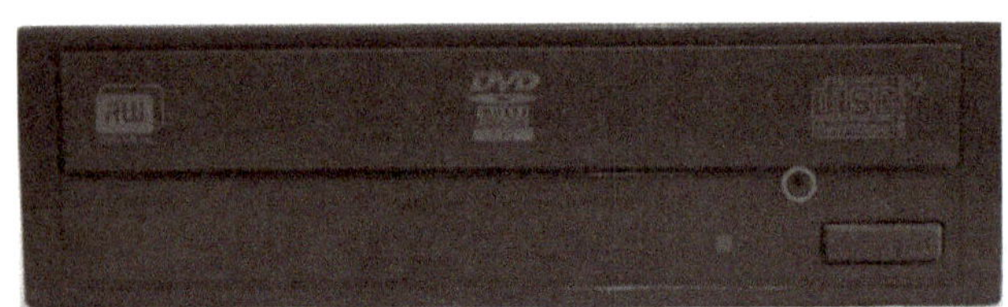

图8-14　紧急退出孔

拓展阅读

一、谨防激光头老化

刻录机在长时间工作后，必须要让它得到足够多的“休息”时间，这样可以确保刻录机的激光头工作性能始终处于最理想状态，从而保证刻录机能够常用常新。反之，刻录机如果在高温环境下不停地工作，激光头特别容易发生老化现象，从而影响它的正常工作性能，最终影响刻录机的使用寿命。

二、合理运用不同的刻录速度

现在主流的 CD 刻录机大都是 52 倍速的，如果用 52 倍速刻录一张 700 MB 的光盘，整个刻录过程大概需要 1 分钟时间，那么，是不是就应该采用 52 倍速来刻录呢？在刻录音乐 CD、数据光盘等不同类型的时候，是不是应该采取同样的速度呢？答案是否定的。虽然 CD 刻录机一般都具备自动纠错功能，在高速刻录时会自动检测和纠正写入错误，但这种功能并非十分保险，特别是对于质量不太好的刻录盘，往往会导致刻录失败，或者刻录出来的光盘无法稳定、正常地使用。如果刻录机和刻录盘的质量都不是特别好的话，建议还是采用较低的速度来刻录，比如说在进行数据光盘的刻录时使用 16 ~ 24 倍速，刻录质量就比较有保证了。对于音乐 CD，则应该采用更低的刻录速度。因为刻录机并没有对此提供自动纠错功能，而音乐 CD 对稳定性的要求又相对较高，较低的刻录速度可以让数据写入得更平稳更连贯，从而保证了音乐 CD 的质量。一般来说，采用 8 ~ 12 倍速是比较合适的。

巩固训练

一天，小周准备把开会的资料文件刻录到光盘里，但他发现无论怎么按刻录机的进出仓，按键托盘都不能出仓。请根据自己掌握的技能，完成故障的处理。

职业技能鉴定指导

一、知识技能复习要点

1. 掌握刻录机的保养方法。

2. 掌握刻录机常见故障判断及排除的方法和技巧。

二、模拟训练

（一）填空

1. 刻录机的托盘不能正常出仓，此时可使用回形针插入刻录机上的 ＿＿＿＿＿＿ 使托盘出仓。

2. 刻录机要放置在平稳的平面上工作，以防损坏刻录机的 ＿＿＿＿＿＿。

3. 不能对 IDE 接口的刻录机进行热插拔，否则很容易损坏刻录机的 ＿＿＿＿＿。

（二）选择

1. 打开、关闭刻录机托盘时应使用刻录机面板上的（　）按键。

A. 进出仓　　　B. 电源　　　C. 紧急退出孔

2. SATA 接口的刻录机（　）进行热插拔操作，但一般不建议刻录机在进行刻录操作时进行。

A. 不可以　　　B. 可以　　　C. 不确定

3. 如果刻录光盘质量不高，刻录出来的光盘有时不能读取或刻录失败，此时可以通过（　）写入速度的方式解决。

A. 降低　　　B. 提高　　　C. 均可

三、技能实训

公司所用的刻录机使用一段时间后，写入速度下降，读盘也较慢，经检查发现刻录机的激光头上灰尘较多。请根据自己所学的技能，完成灰尘的清除。

任务评价

任务实施评价表

评价项目	评价关键点	配分	自评分	互评分	教师评分
放入清洁盘	打开刻录机托盘	10			
	放入清洁盘到刻录机托盘上	15			
	关闭刻录机托盘	10			
开始清洁	播放清洁盘	30			
清洁完毕	打开刻录机托盘，取出清洁盘	10			
	存放清洁盘	25			
总　分		100			

模块九 Module 9 数码相机的使用与维护

数码设备在现代办公中起着越来越重要的作用。其中，数码相机已成为记录影像的必要设备。掌握数码相机的使用与维护是每名办公人员必须掌握的技能。本模块主要介绍数码相机的使用与维护。

任务一 用数码相机拍摄照片

Task 1

训练目标

1. 能用数码相机拍摄静止对象的照片。
2. 能用数码相机拍摄移动对象的照片。
3. 能用数码相机拍摄大型场景的全景照片。
4. 能查看和删除数码相机拍摄的照片。

任务情境 1

小王是家宜物业管理有限责任公司的办公室文员。一天，物业管理公司的经理打电话找小王，让她到会议室去，为公司的中层会议拍几张照片。公司的相机是 SONY HX30，小王应该如何完成拍照片的任务？

操作步骤

步骤1　设置拍摄模式，如图9-1 所示。

旋转模式转盘旋钮，将模式设定为“i📷”（智能自动）模式。

步骤2　按“ON/OFF”（电源）按钮，打开电源，如图9-2 所示。

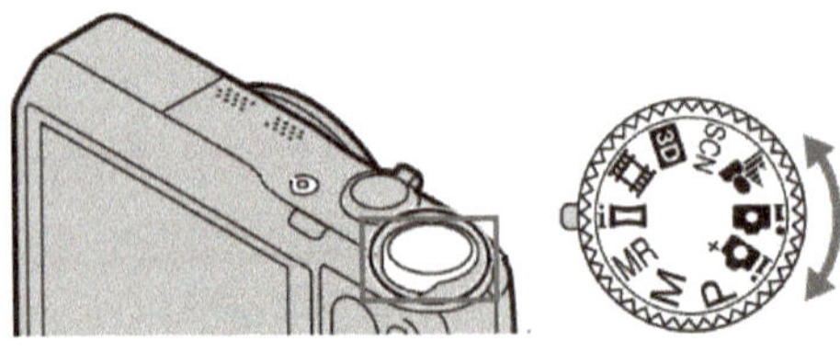

图9-1　设置拍摄模式

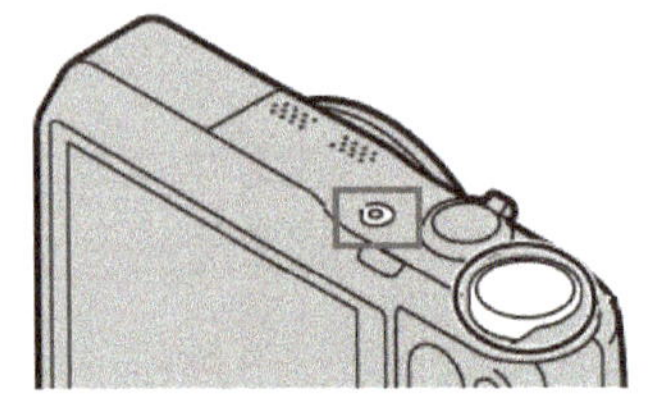

图9-2　打开电源

步骤3　握稳相机，拨动变焦杆进行变焦，如图9-3所示。

通过拨动 W/T（变焦）杆，进行放大 / 缩小变焦。对焦时，不要将手指放在镜头上，也不要用手指遮住闪光灯。

步骤4　半按下快门按钮进行对焦，如图 9-4 所示。

图9-3　进行变焦

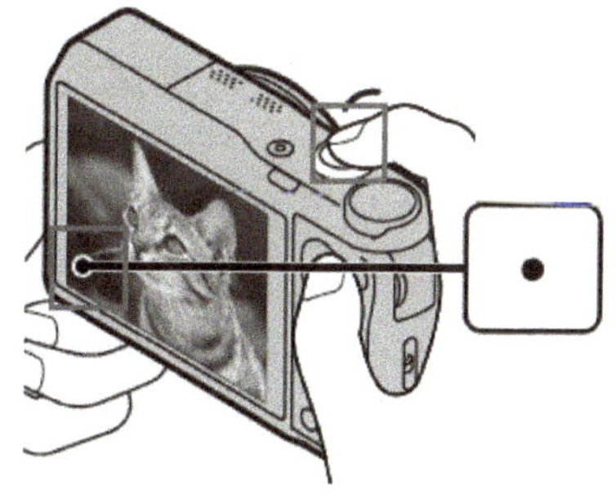

图9-4　半按快门进行对焦

当影像对焦时，会发出“哔”音，并且左下角的指示灯“●”点亮。

步骤5　完全按下快门按钮进行拍照。

任务情境 2

一天，经理告诉小王，公司要进行一次宣传，需要在小区里拍摄几张可爱的小动物的照片，要实景拍摄，小动物会跑来跑去，所以要跟着小动物多拍摄几张照片。公司的相机是 SONY HX30，小王应该如何完成拍照片的任务？

操作步骤

步骤1　按“ON/OFF”（电源）按钮，打开电源，如图 9-5 所示。

步骤2　将相机朝向被摄体，然后按控制盘中央的“●”，开启“移动对焦”，如图 9-6所示。

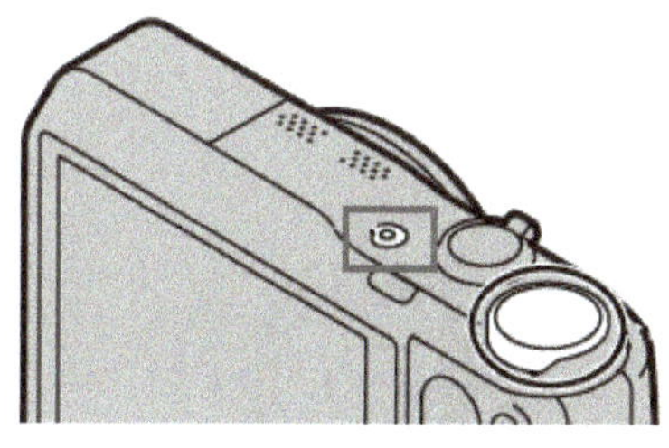

图9-5　打开电源

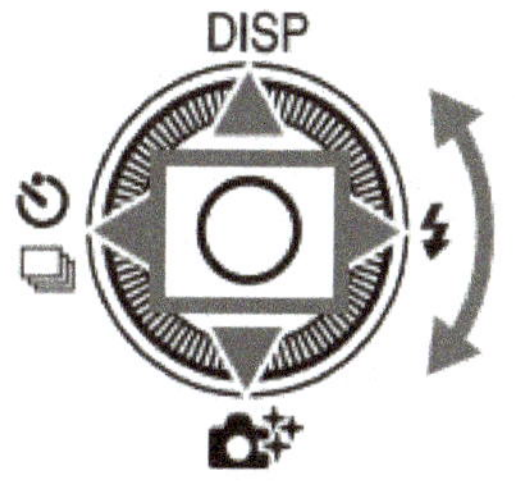

图9-6　开启移动对焦

步骤3　将目标框放在想要对焦的被摄体上，然后按中央的“●”，进行拍摄，如图9-7所示。

半按下快门按钮前，可改变对焦点任意次。再次按中央的“●”以释放对焦。

图9-7　进行拍摄

任务情境 3

一天，经理找到小王，讲公司要做一个宣传，需要几张小区内部以及周边环境的全景照片，让小王去拍摄一下。公司的相机是SONY HX30，小王应该如何完成拍全景照片的任务？

操作步骤

步骤1　旋转模式转盘旋钮，将模式设定为“i▭”（智能扫描全景）模式，如图9-8所示。

图9-8　设置智能全景扫描模式

步骤2　按“ON/OFF”（电源）按钮，打开电源，如图9-9 所示。

步骤3　用控制盘选择拍摄方向，如图9-10所示。

图9-9　打开电源

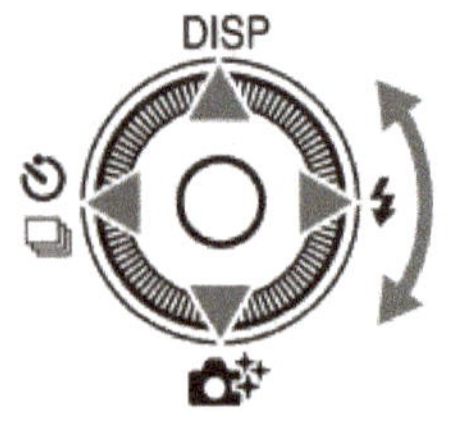

图9-10　选择拍摄方向

“▲”为从下向上摇摄相机，“▼”为从上向下摇摄相机，“▶”为从左向右摇摄相机，“◀”为从右向左摇摄相机。

当选择“扫描多角度”时，无法选择拍摄方向。

步骤4　使相机与要拍摄的被摄体的终端对齐并按下快门按钮进行拍摄，如图9-11所示。

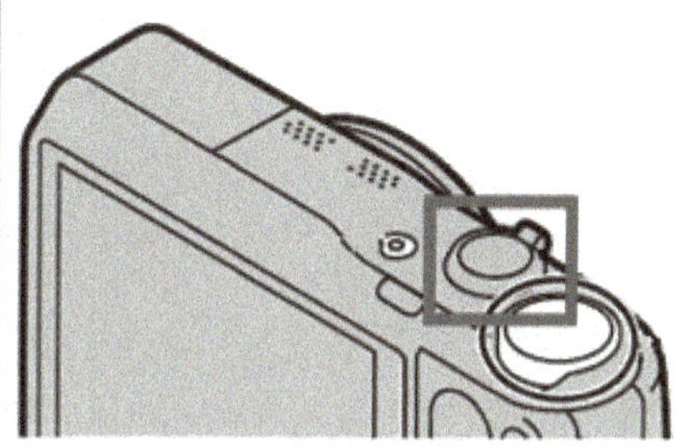

图9-11　进行拍摄

步骤5　移动相机，按照画面上的箭头方向，将相机移动到指示的终端，拍摄全景照片，如图9-12所示。

拍摄全景照片时，以身体为轴，像画小圆圈一样，沿着画面上的箭头方向平行地匀速移动（以5秒扫描半圈为基准），如图9-13所示。如果扫描得太快或太慢，会在屏幕上显示提示信息。

图9-12　拍摄全景照片

图9-13　移动身体拍摄全景照片

任务情境 4

一天，小王想起数码相机存放了很多照片，存储卡里的空间可能不多了。于是，她想把有用的照片保留，把多余的照片删除。小王应该如何操作？

操作步骤

步骤1　播放图像，如图9-14 所示。

图9-14　播放图像

按“▶”（播放）按钮播放照片。通过按控制盘“◎”上的“▶”（下一个）/“◀”（上一个）或通过转动控制盘选择图像。通过变焦杆或缩小图像。放大时，向 T 侧（🔍）转动 W/T（变焦）杆。

步骤2　删除图像。

按“?/🗑”（删除）按钮，用控制盘上的“▲”选择［这个影像］，然后按中央的“●”。

拓展阅读

一、认识数码相机

数码相机（图 9-15），又称为数字式相机。数码相机是一种利用电子传感器把光学影像转换成电子数据的照相机。它按用途分为单反相机、微单相机、卡片相机、长焦相机等。

图9-15　数码相机

数码相机常见的品牌主要有佳能、尼康、索尼、柯达、富士、松下等，它们的共同特点是：拥有雄厚的技术开发能力，产品成像质量较好，有较全的产品线、较高的知名度和市场占有率。

二、选择闪光模式

按控制盘上的“⚡”（闪光灯），然后用“◀ / ▶”或转动控制盘选择所需模式，然后按中央的“●”。

闪光灯的设置有四种模式：

⚡AUTO（自动）：在黑暗场所或背光时，闪光灯自动工作。

⚡（开）：闪光灯始终工作。

⚡SL（慢速同步）：闪光灯始终工作。在暗的地方，快门速度较慢，以便清楚地拍摄不在闪光光线范围内的背景。

（关）：闪光灯不工作。

当闪光灯闪光时，闪光灯部分会自动升起。请勿将手指放在闪光灯附近。当不需要闪光灯时，可预先将闪光模式设定为“关”，这样可以防止闪光灯部分自动升起。

三、连续拍摄

可以选择单幅（单幅影像）、阶段曝光或连拍作为拍摄模式。

按控制盘上的“”（连拍设置 / 自拍），然后按“◀ / ▶”或通过转动控制盘选择所需模式。

“单张拍摄”：相机拍摄单幅影像。

“连拍”：当按住快门按钮时，相机在一次连拍中最多拍摄 10 张连续的影像。

“阶段曝光”：改变设置拍摄 3 张静止影像。

四、自拍和人像自拍

按控制盘上的“”（连拍设置 / 自拍），然后按“◀ / ▶”或通过转动控制盘选择所需模式，然后按中央的“●”。

（10 秒）：延迟 10 秒后开始拍摄。

当按下快门按钮时，自拍定时器指示灯会闪烁，并且到快门动作为止会发出“哔”音。要取消时，再次按。

（2 秒）：延迟 2 秒后开始拍摄。该设置用于防止由按下快门按钮时的抖动导致的模糊。

（人像自拍一个人）/（人像自拍两个人）：当检测到人脸时，相机会自动拍摄。当把相机对准自己进行拍摄时使用该设置。当检测到所设定的人脸数目时，会发出“哔”音并在 2 秒后开始拍摄。

［自拍（连拍）］：按下快门按钮 10 秒后连拍 10 张影像。

BRK［自拍（阶段曝光）］：按下快门按钮 10 秒后进行阶段曝光拍摄。

五、使用与场景匹配的拍摄模式（场景选择）

将模式旋钮设定为“SCN”（场景选择），然后用控制盘上的“▲/▼/◀/▶”或通过转动控制盘选择所需模式，然后按中央的“●”。如果想要切换为其他场景，按 MENU 按钮，重新选择。

（美肤）：拍摄人物柔滑的肌肤。

（柔和快照）：拍摄具有柔和气氛的人像、花卉等影像。

（动作防抖）：在室内拍摄人物时，不使用闪光灯并减少模糊。

（风景）：对远处的被摄体对焦，以鲜艳的色彩拍摄蓝天和草木。

（背光校正 HDR）：拍摄三幅具有不同曝光的影像以制作一幅具有宽广色调层次的影像。

（夜景肖像）：在黑暗处清晰地拍摄面前的人物，且不会失去夜景气氛。

（夜景）：拍摄远距离的夜景，且不会失去周围环境的黑暗气氛。

（手持夜景）：不使用三脚架就能拍摄噪点较少的夜景。

ISO（高感光度）：即使在低照明条件下，也可不使用闪光灯并减少模糊。

ISC（美食）：以悦目的色彩拍摄美味食品。

（宠物）：以最佳设置拍摄宠物的影像。

（海滩）：即使在阳光下，也可以用明亮生动的色彩拍摄海滩上的场景。

（雪景）：当拍摄雪景等整个画面显得发白的场景时，防止色彩阴暗。

（烟火）：拍摄灿烂的烟花。

拓展阅读

一天，物业管理公司的经理打电话找小王，让她到会议室去，为公司的中层会议拍几张照片，要求每个场景多拍几张照片，在后期处理时再选择最合适的一张。请根据自己掌握的技能，完成拍摄任务。

职业技能鉴定指导

一、知识技能复习要点

1. 掌握用数码相机拍摄静止对象图像的方法和技巧。
2. 掌握用数码相机拍摄移动对象图像的方法和技巧。
3. 掌握用数码相机拍摄大型场景全景图像的方法和技巧。
4. 了解更换数相机闪光模式的方法。
5. 了解数码相机各种场景的选择及适用场合。

二、模拟训练

（一）填空

1. “　”的名称为 ______________。

2. “　”的名称为 ______________。

3. “i　”表示 ____________________ 模式。

4. “i　”表示 ____________________ 模式。

（二）选择

1. 在“连拍”模式，数码相机最多可以连拍（　）张照片。

A．5张　　B．10张　　C．15张

2. 在“自拍（连拍）”模式下，按下快门按钮（　）秒后连拍 10 张影像。

A．5秒　　B．10秒　　C．15秒

3. 设置闪光灯打开模式后，在使用闪光灯时，闪光灯（　）。

A．自动弹出　　B．手动拉出　　C．都可以

三、技能实训

小王的公司要在晚上 18：00，在凯旋酒店组织一次员工聚会，需要拍摄一些照片作纪念。请利用 SONY HX30 相机完成拍摄。

任务评价

任务实施评价表

评价项目	评价关键点	配分	自评分	互评分	教师评分
设置模式，打开电源	设置拍摄模式	10			
	打开数码相机电源	10			
拍摄照片	设置闪光灯	10			
	进行变焦	10			
	进行对焦	20			
	完成拍照	10			
	查看拍照效果	10			
存放数码相机	关闭数码相机电源	10			
	存放数码相机	10			
总　分		100			

任务二 用数码相机拍摄视频和3D影像

训练目标

1．能用数码相机拍摄普通视频。

2．能用数码相机拍摄3D影像。

3．能查看和删除数码相机拍摄的视频。

任务情境 1

一天，物业管理公司的经理打电话找小王，让她到天惠城二期的小区，那里公司正在做一个促销活动，经理要求小王用相机简单拍摄几段视频。公司的相机是SONY HX30，小王应该如何完成拍视频的任务？

操作步骤

步骤1　旋转模式转盘旋钮，将模式设定为“ ”（活动影像）模式，如图9-16所示。

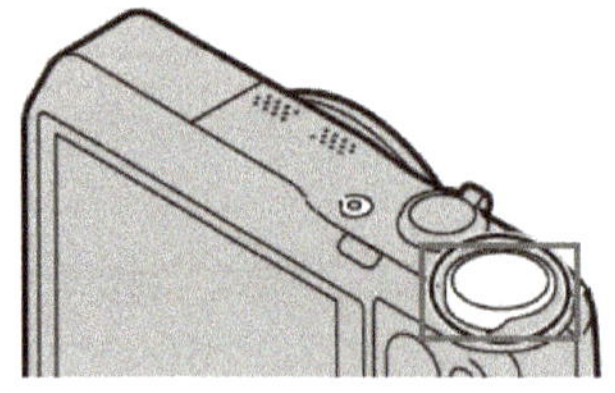

图9-16　设置拍摄模式

步骤2　按“ON/OFF”（电源）按钮，打开电源，如图9-17所示。

步骤3　按“MOVIE”（动态影像）按钮，开始录制，如图9-18所示。

图9-17　打开电源

图9-18　录制视频

在拍摄的过程中，可以向 T 拨动 W/T（变焦）杆以放大变焦，向 W 拨动 W/T（变焦）杆以缩小变焦。

步骤4　再次按“MOVIE”（动态影像）停止录制。

任务情境 2

一天，经理找到小王，告诉小王公司要进行一次宣传，需要在小区里拍摄几段可爱小动物的 3D 影像，要实景拍摄，这样的宣传效果会好很多。公司的相机是 SONY HX30，小王应该如何完成拍摄 3D 影像的任务？

操作步骤

步骤1　旋转模式转盘旋钮，将模式设定为“3D”（3D拍摄）模式，如图 9-19所示。

图9-19　设置拍摄模式

步骤2　按“ON/OFF”（电源）按钮，打开电源，如图9-20所示。

步骤3　用控制盘选择3D拍摄模式，如图9-21所示。

图9-20　打开电源

图9-21　选择3D拍摄模式

用控制盘上的“◀/▶”或通过转动控制盘选择所需模式，然后按中央的“●”。

3D（3D 静止影像）：可以拍摄能够在 3D 电视机上立体播放的 3D 影像。

3D（3D 扫描全景）：通过向右或向左移动相机来拍摄能够在 3D 电视机上立体播放的全景影像。

3D(扫描多角度):拍摄可通过向右或向左倾斜相机立体播放的全景影像和能够在3D电视机上立体播放的全景影像。

步骤4　按下快门，拍摄3D影像，如图9-22所示。

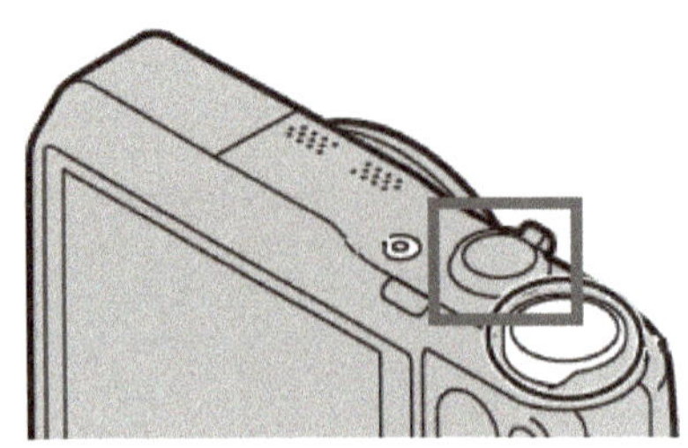

图9-22　拍摄3D影像

任务情境 3

一天，小王在用数码相机拍摄视频时，数码相机提示存储卡已满，需要删除里面的几段视频才能继续拍摄。小王应该如何操作?

操作步骤

步骤1　播放图像，如图9-23所示。

图9-23　播放图像

按“▶”(播放)按钮播放照片。通过按控制盘“◎”上的“▶”(下一个)/“◀”(上一个)或通过转动控制盘选择图像。

步骤2　按“?/🗑”(删除)按钮，在提示中选择删除影像的范围。

“这个影像”:删除单幅显示时正在观看的影像。

“多个影像”:选择并删除多幅影像。

“该日期的全部影像/文件夹内全部/所有AVCHD视窗文件”:一次性删除所选日期范围或文件夹中的所有影像或所有AVCHD动态影像。

"这个影像以外的全部"：在显示连拍组模式下删除所选影像以外的连拍组影像。

"该连拍组中的全部影像"：一次性删除所选连拍组中的所有影像。

"取消"：取消删除。

选中范围后按控制盘中央的"●"，可以删除视频。

拓展阅读

一、在3D电视上观看3D影像

1．使用 HDMI 电缆，配合 SONY 相机配送的 HDMI 小型连接器（配送的连接器），连接相机和电视，如图 9-24 所示。

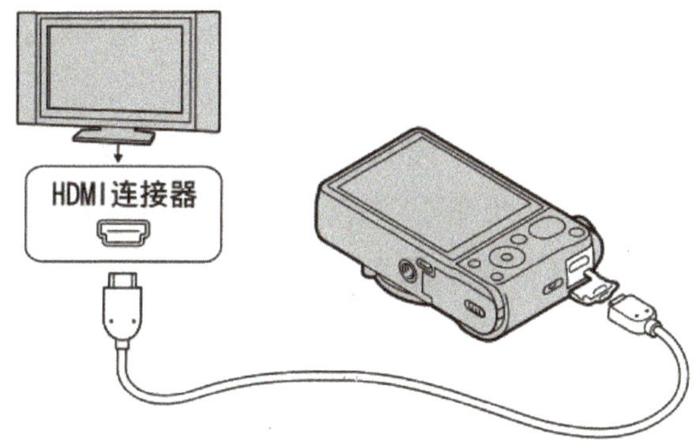

图9-24　连接相机和电视

2．按"MENU"键，选择"3D"（3D 观看）模式，如图 9-25 所示。

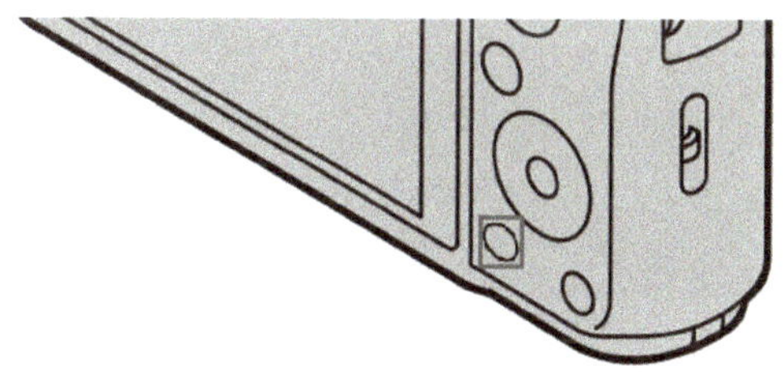

图9-25　进入观看模式

3．按控制盘中央的"●"，观看 3D 影像。

二、在智能手机上观看数码相机中的影像

1．在手机应用程序店铺下载对应智能手机的应用程序"Play Memories Mobile"并安装到智能手机上。

2．按"▶"（播放）按钮显示影像。

3．按“MENU”按钮，进入观看模式，如图 9-26 所示。

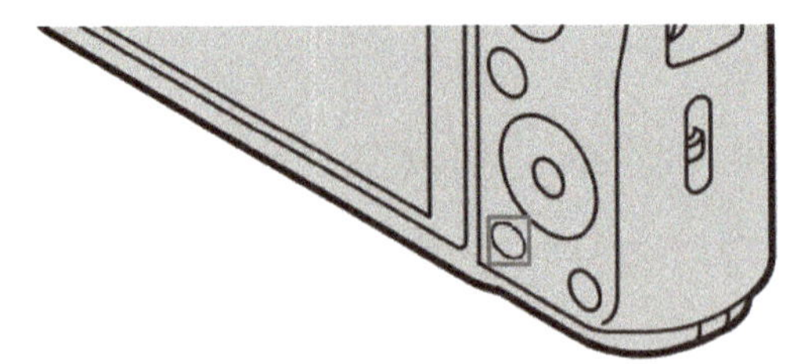

图9-26 进入观看模式

4．用控制盘上的“▲/▼/◀/▶”选择“Wi-Fi”（智能手机观看），选择所需模式。

Wi-Fi（该连拍组中的全部影像）：一次性显示所选连拍组中的所有影像。

Wi-Fi（这个影像）：显示当前选中的影像。

Wi-Fi（该日期的全部影像）/Wi-Fi ALL（本机内的所有影像）：在智能手机上一次性显示所选日期范围或相机内的所有静止影像。

使用“Play Memories Mobile”时，静止影像将为［2M］或［VGA］。

SONY HX30 相机将“智能手机观看”的连接信息与许可连接的设备共享。要变更许可连接的设备时，需通过“MENU”→“”（设定）→“”（网络设置）→“智能手机观看设置”→“网络信息重置”→“OK”重设连接信息。重设后，需要重新设定智能手机。

巩固训练

一天，物业管理公司的经理打电话找小王，让她用相机为公司的一个活动拍摄视频，要求用高清模式拍摄，以达到好的效果。请根据自己掌握的技能，完成拍摄任务。

职业技能鉴定指导

一、知识技能复习要点

1. 掌握用数码相机拍摄普通视频的方法和技巧。
2. 掌握用数码相机拍摄 3D 影像的方法和技巧。
3. 掌握查看和删除数码相机拍摄的视频的方法和技巧。
4. 了解在电视上观看数码相机中视频的方法。
5. 了解在智能手机上观看数码相机中的影像的方法。

二、模拟训练

（一）填空

1. “”表示 ____________________ 模式。
2. “3D”表示 ____________________ 模式。

3. “?/🗑”按钮名称为 ____________________。

（二）选择

1. SONY HX30 在拍摄视频的过程中（　）拨动 W/T（变焦）杆进行放大和缩小变焦。

A．能　　B．不能　　C．不能确定

2. SONY HX30（　）连接相机和电视，观看拍摄的视频。

A．能　　B．不能　　C．不能确定

3. SONY HX30 拍摄视频时（　）开启相机的闪光灯。

A．能　　B．不能　　C．不能确定

三、技能实训

公司要拍摄 10 分钟左右的视频，作为存档。请利用 SONY HX30 相机完成拍摄。

任务评价

任务实施评价表

评价项目	评价关键点	配分	自评分	互评分	教师评分
设置模式，打开电源	设置拍摄模式	10			
	打开数码相机电源	10			
拍摄视频	开始拍摄	10			
	进行变焦	20			
	完成拍摄	10			
	查看拍摄的视频效果	10			
	删除多余的影像	10			
存放数码相机	关闭数码相机电源	10			
	存放数码相机	10			
总　分		100			

任务三 数码相机的保养及常见故障排除

Task3

训练目标

1. 能熟练进行数码相机的保养。
2. 能熟练排除数码相机的常见故障。

任务情境 1

小刘是宏达远洋运输公司的办公室文员，公司里的数码相机由小刘保管。经理指示小刘要把数码相机维护保养好，以备使用。她需要从哪些方面对数码相机进行保养？

保养操作

一、不在传输数据时关闭电源

不在存取指示灯点亮时关闭相机电源、取出电池或取出存储卡。否则，可能会损坏内部存储器的数据或存储卡。

二、将相机放在干燥的地方

SONY HX30 相机不具备防水、防潮的功能，相机要存放在干燥的地方，防止受潮。如果水分进入相机内，可能会引发故障。在某些情况下，相机无法修复。

三、避免强光照射

不把相机朝向太阳或其他强光，这可能导致相机故障。

四、避免强烈无线电波或放射辐射线的场所

不在靠近会产生强烈无线电波或放射辐射线的场所使用相机，否则，相机可能无法正常拍摄或播放影像。

五、避免液晶显示屏受到重压

在使用、存放中，要注意不让彩色液晶显示屏表面受重物挤压，更要注意不要脱手将相机掉到地上以免摔坏液晶显示屏。

任务情境 2

小刘在使用数码相机拍摄视频时，发现拍摄的视频无法保存到存储卡中。小刘应该如何处理？

操作步骤

步骤1　分析故障原因。

存储卡经过反复记录 / 删除影像，卡中可能会存在数据碎片，导致无法存储视频。

步骤2　解决故障。

将影像保存到计算机等位置，然后使用“🧰”（设定）项目进行存储卡格式化。

具体做法如下：

1. 打开相机电源后，按“MENU”按钮显示菜单画面。
2. 用控制盘上的“▲/▼”选择“🧰”（设定），然后按中央的“●”设定。
3. 用控制盘上的“▲/▼”或通过转动控制盘选择所需项目“▪”（存储卡工具），然后按中央的“●”设定。
4. 在“▪”（存储卡工具）项目中，选择“格式化”选项，格式化存储卡。
5. 按“MENU”按钮关闭设置画面。

任务情境 2

小刘在使用数码相机拍摄视频时，发现在拍摄时，镜头停止移动，相机自动关机。小刘应该如何处理？

操作步骤

步骤1　分析故障原因。

相机电池电量可能不足。

步骤2　解决故障。

方法一　使用电源适配器为相机进行充电，如图 9-27 所示。

方法二　通过使用Micro USB连接线，使用计算机USB接口进行充电，如图9-28所示。

利用上述两种方法充电时，“电源 / 充电指示灯”为指示充电的状态。

点亮：充电。

熄灭：充电结束。

闪烁：充电错误或由于过热充电暂停。

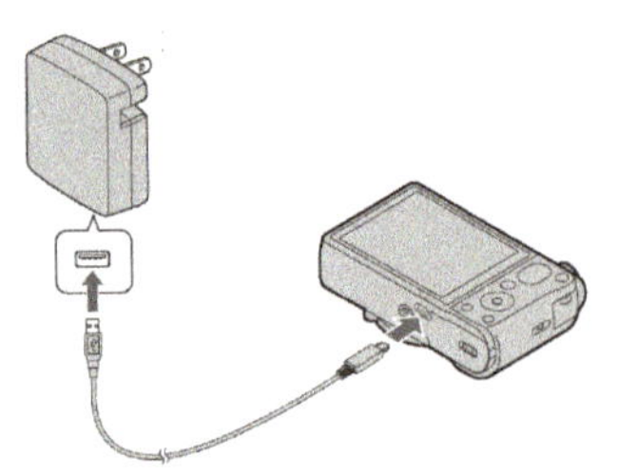

图9-27　利用电源适配器为相机充电

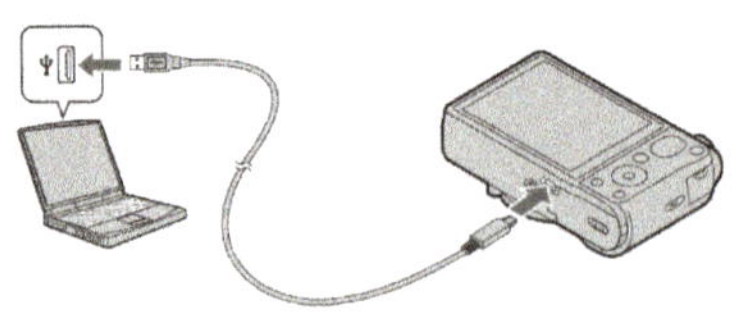

图9-28　利用USB连接线进行充电

拓展阅读

一、相机“出汗”

冷热天气也会影响相机。如果相机放在开着空调的房间，而后马上放在一个较热、潮湿的环境下，镜头和取景器上都会有雾点出现。这时，需要用合适的薄纸或布来清洗。如果带着相机从寒冷、干燥的室外进入室内，最好先把相机放在包里面预热一下，然后再拿出放在屋子里。并且要小心镜头，看它是不是“出汗”了，如果“出汗”了要立即擦干净。

二、清洗镜头上的污渍

镜头上的污渍会严重降低图像质量，出现斑点或减弱图像对比度。而手指碰到镜头是不可避免的，灰尘和沙砾也会落到光学装置上，镜头纸或是带有纤维布的精细工具、镜头刷和清洗套装便可作为清洗工具。注意千万不能用硬纸、纸巾或餐巾纸来清洗镜头，这些产品都包含有刷擦性的木质纸浆，会严重损害相机镜头上的易碎涂层。

微纤清洗布不使用时放在原容器里，以保持干净。微纤清洗布非常耐洗，应定期清洗。

三、相机的存放

相机是精密的机器，放在一般的柜子，容易受到湿气的影响，虽然不至于立刻损坏，长期下来也不是好事。能够保存在防潮箱中最好。存放前应先把皮套、机身和镜头上的指纹、灰尘擦拭干净。

巩固训练

小刘在办公室拍摄照片时，发现照片不能保存。请根据自己掌握的技能，完成故障的处理。

职业技能鉴定指导

一、知识技能复习要点

1. 掌握数码相机保养的要点。

2. 掌握数码相机常见故障的判断和排除方法。

二、模拟训练

（一）填空

1. 数码相机一般不能防尘和防潮，存放时，要远离__________和__________。

2. 数码相机长期不用，进行存放时，首先需要取出________________。

3. 要清除存储卡上的“碎片”，需在“ ”（存储卡工具）项目中，选择____________选项，格式化存储卡。

（二）选择

1. 数码相机出现“出汗”的现象，说明新的环境相对原来的环境（　）。

A．热　　B．凉　　C．相同

2. 清洁数码相机的镜头，应用下面（　）清洁工具。

A．镜头纸　　B．硬纸　　C．餐巾纸

3. SONY HX30 数码相机，（　）用计算机的 USB 口进行充电。

A．可以　　B．不可以　　C．不能判断

三、技能实训

小刘公司的数码相机型号是 SONY HX30，她准备用公司的数码相机拍摄照片，但相机显示存储卡已满。小刘应该如何进行处理？

任务评价

任务实施评价表

评价项目	评价关键点	配分	自评分	互评分	教师评分
备份资料	打开电源	10			
	备份资料	10			
格式化存储卡	打开显示菜单画面	10			
	进入设定画面	20			
	选择存储卡项目	10			
	格式化存储卡	10			
	关闭菜单画面	10			
存放数码相机	关闭电源	10			
	存放数码相机	10			
总　分		100			

模块十 Module 10 数码摄像机的使用与维护

数码摄像机在企业里一般用于会议记录或活动记录。掌握数码摄像机的使用与维护是每名办公人员必须掌握的技能。本模块主要介绍数码摄像机的使用与维护。

任务一 用数码摄像机拍摄视频

训练目标

能用数码摄像机拍摄视频。

任务情境 1

小伍是天隆钢材贸易有限责任公司的办公室文员。一天，公司主管告诉他，过两天有一个钢材交易会开幕，让她用公司的数码摄像机拍摄交易会开幕式的全过程。公司的数码摄像机是索尼 HDR-XR150E，小伍应该如何完成拍摄任务？

操作步骤

步骤1　滑动“LENS COVER”开关来打开镜头盖，如图10-1所示。

步骤2　收紧腕带，如图10-2所示。

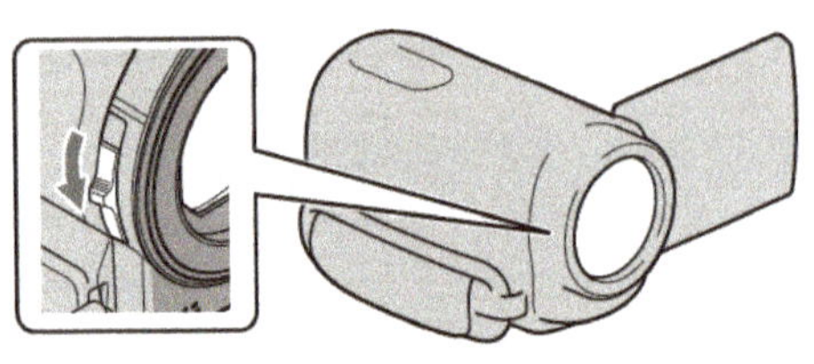

图10-1　打开镜头盖

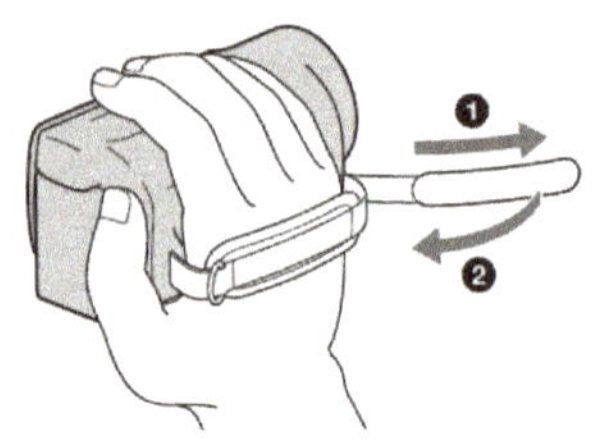

图10-2　收紧腕带

步骤3　打开液晶屏，然后按“POWER”（电源）键打开摄像机，如图10-3所示。

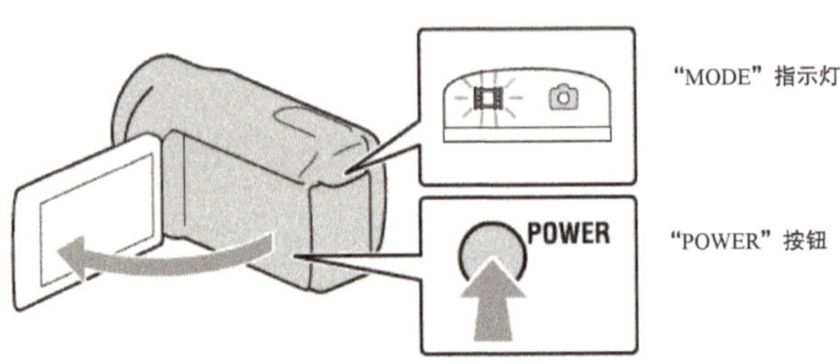

图10-3　打开液晶屏，打开电源

步骤4　按“MODE”键选择“▮▬▮”（动画）模式，如图10-4所示。

选择录制视频模式时，“▮▬▮”灯会点亮。

步骤5　按“START/STOP”键开始录制，如图10-5所示。

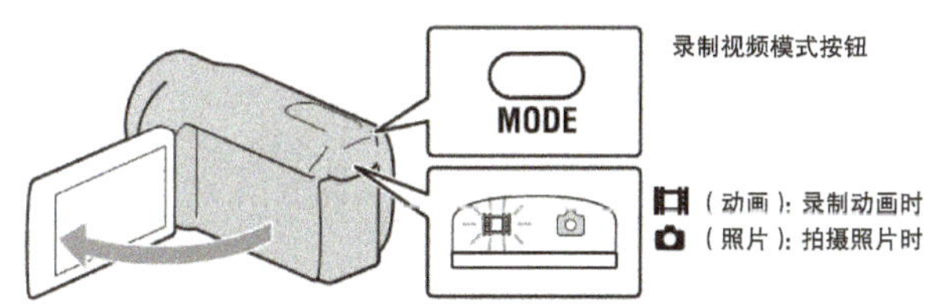

图10-4　选择动画模式

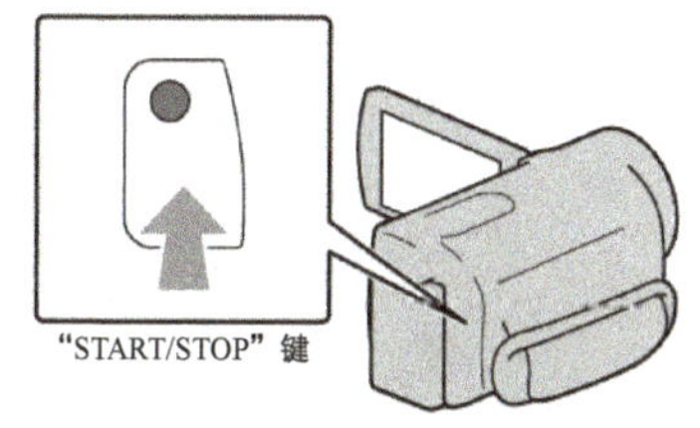

图10-5　录制视频

也可以通过按液晶屏左下方的“●”开始录制。如果在录制视频时关闭液晶屏，摄像机将停止录制。摄像机的最长连续录制时间约为 13 小时。当一个视频文件超过 2 GB 时，将自动创建下一个文件。

在录制的过程中，使用电动变焦控制杆可以进行变焦操作，如图 10-6 所示。

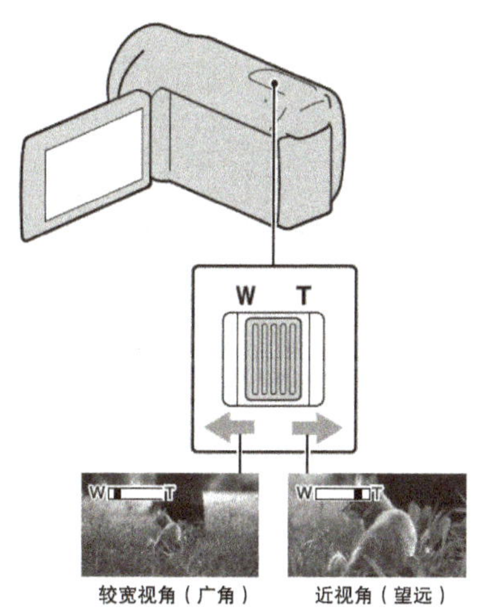

图10-6　拍摄过程中进行变焦

通过变焦，可将图像最多放大到原始尺寸的 25 倍。

步骤6　再按一次“START/STOP”键，结束录制。

也可以通过按液晶屏左下方的“●”停止录制。

任务情境 2

小伍在钢材交易会上录制了多段视频，她想看一下录制的效果，小伍应该如何操作？

操作步骤

步骤1　打开液晶屏，然后按“POWER”（电源）键打开摄像机，如图10-7所示。

步骤2　按“▶”（观看图像），如图10-8所示。

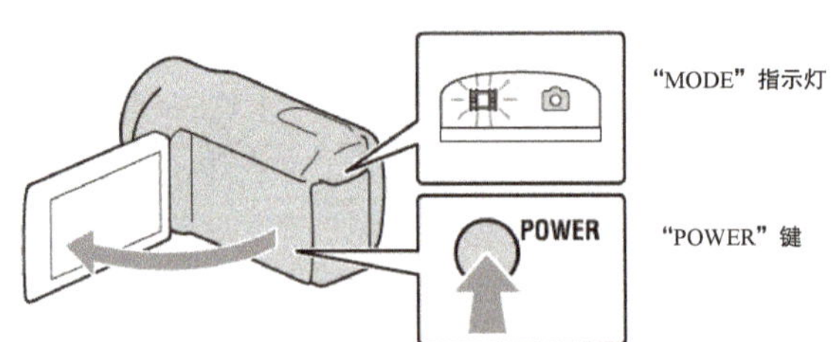

图10-7　打开液晶屏，打开电源

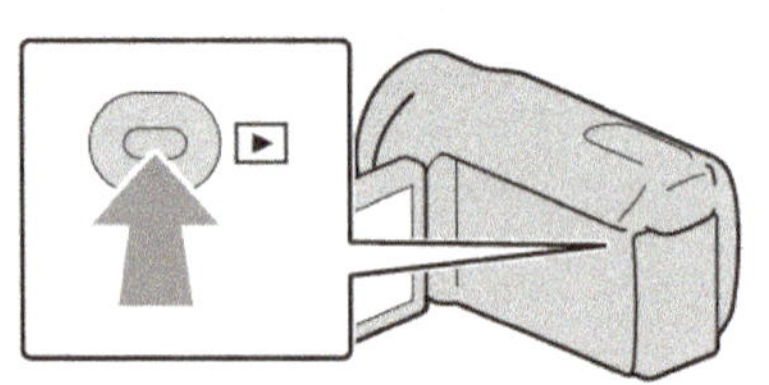

图10-8　观看录制的图像

也可以通过 VISUAL INDEX 画面，触碰“HD”或“STD”，观看想要看的视频，如图 10-9 所示。

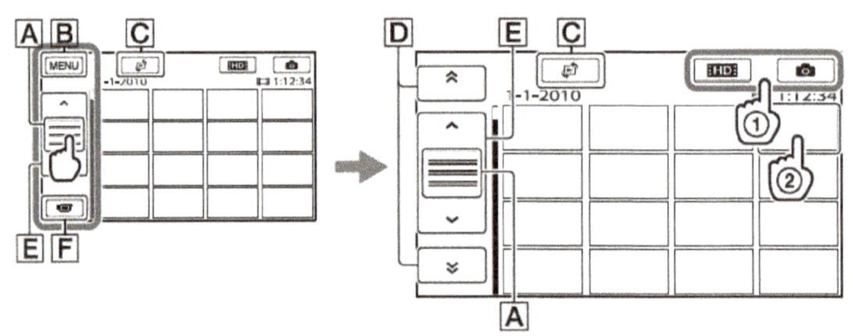

图10-9　利用索引查看视频

A：切换操作按钮显示。

B：切换至 MENU 画面。

C：显示选择索引类型的画面（[日期索引] / [电影滚动] / [人脸]）。

D ⏫/⏬：显示上一个 / 下一个日期录制的动画。

E ▲/▼：显示上一行 / 下一行动画。

F：返回录制画面。

拓展阅读

一、数码摄像机的分类

按品牌分：索尼、Panasonic、JVC、佳能、三洋、日立等。

按存储介质分：磁带式、光盘式、硬盘式、闪存式。

按格式分：HDV、DVCAM、DV、AVCHD、XDCAM 等。

按感光器件分：CCD、CMOS。

按大小分：肩扛式、手持式。

按价值分：专业级和家用级。

二、数码摄像机使用的基本技巧——平、准、稳、匀

平：指运动过程中始终保持数码摄像机的水平。如果画面没有保持水平，画面中固定物体将会歪斜。用三脚架拍摄时应调好水平仪，拍摄时应随时调整数码摄像机的水平状态。

准：指运动摄像过程中的画面起幅、落幅的焦点和构图都要准确，拍摄时注意跟焦点的技巧。摇画面时要按照落幅站好位置，再从起幅开始摇，这样既可以保证摇摄的速度均匀，又可以坚固拍摄过程中的画面构图的准确性。

稳：指运动摄像过程中的画面要保持稳定，不能摇晃，否则会令人头晕目眩。手持拍摄时应尽量在一个镜头中屏住呼吸，或者让身体找一个依靠点和支撑点。尽量运用短焦距镜头拍摄，可减少数码摄像机的晃动。

匀：指运动摄像过程中数码摄像机的运动速度要均匀，不可忽快忽慢。用三脚架拍摄时应调整好三脚架的阻尼，手持拍摄时掌握好拍摄要领，运动的起步和停止要有加力和减力过程。

三、观看视频时操作技巧（图10-10）

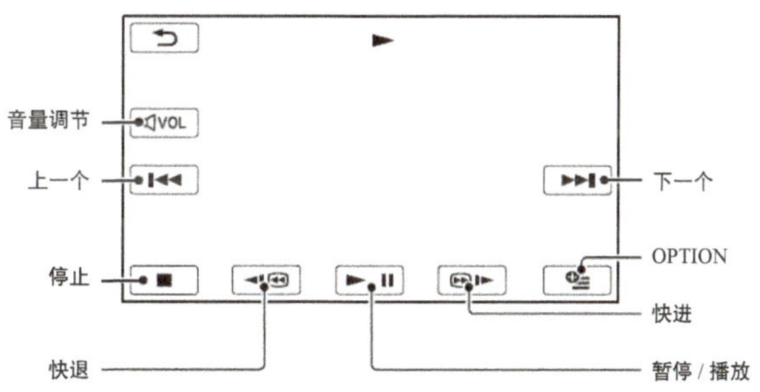

图10-10 播放视频时液晶屏界面

1. 当从所选视频播放到最后一个视频时，屏幕将返回 INDEX 画面。

2. 在暂停过程中触碰“◀◀/▶▶”可慢速播放视频。

3. 在播放过程中反复触碰“◀◀/▶▶”时，视频播放速度可提高约 5 倍。

4. 若要调节视频音量，可以在播放视频时，触碰“VOL”，用“–/+”→“↩”来调节。

四、自动录制更佳的图像（智能自动模式）

按“iAUTO”即可使用智能自动功能录制图像。当摄像机转向拍摄对象时，本机使用

三种检测模式的优化组合进行录制：人脸检测、场景检测和摄录一体机晃动检测。当本机检测到拍摄对象时，将会显示与检测到的状况相对应的图标。

巩固训练

公司主管找到小伍，告诉她明天上级领导来公司视察，让她拍摄上级领导来视察的过程。请根据掌握的技能，完成拍摄任务。

职业技能鉴定指导

一、知识技能复习要点

1. 掌握用数码摄像机拍摄视频的方法和技巧。
2. 掌握观看数码摄像机拍摄的视频的方法和技巧。

二、模拟训练

（一）填空

1. 索尼 HDR-XR150E 摄像机的最长连续录制时间约为 ___________ 小时。

2. 索尼 HDR-XR150E 摄像机拍摄视频时，当一个视频文件超过 __________ 时，将自动创建下一个视频文件。

3. 常见的数码摄像机品牌有（列举四种）__________、__________、__________、__________。

（二）选择

1. 数码摄像机液晶屏显示待机指（　）。

A．开始录制　　B．停止录制　　C．关机

2. 数码摄像机按感光器件分为（　）两类。

A．CCD和CMOS　　B．HDV和CCD　　C．DVCAM和CMOS

三、技能实训

公司要举行一次大型活动，需要拍摄一系列视频。公司的数码摄像机是索尼 HDR-XR150E，请完成拍摄任务。

任务评价

任务实施评价表

评价项目	评价关键点	配分	自评分	互评分	教师评分
打开摄像机	打开镜头盖	10			
	把持好摄像机	10			
	打开摄像机电源	10			
录制视频	选择摄像模式	10			
	开始录制	10			
	进行变焦	20			
	结束录制	10			
存放摄像机	关闭电源	10			
	存放摄像机	10			
总　分		100			

任务二 用数码摄像机拍摄照片

Task 2

训练目标

能用数码摄像相机拍摄照片。

任务情境 1

小伍到了钢材交易会的开幕式后，公司主管临时打电话给她，让她用数码摄像机在拍视频的间隙，顺便拍几张有公司人员参与的照片。公司的数码摄像机是索尼 HDR-XR150E，小伍应该如何完成拍照任务？

操作步骤

步骤1　滑动“LENS COVER”开关来打开镜头盖，如图10-11所示。

步骤2　收紧腕带，如图10-12所示。

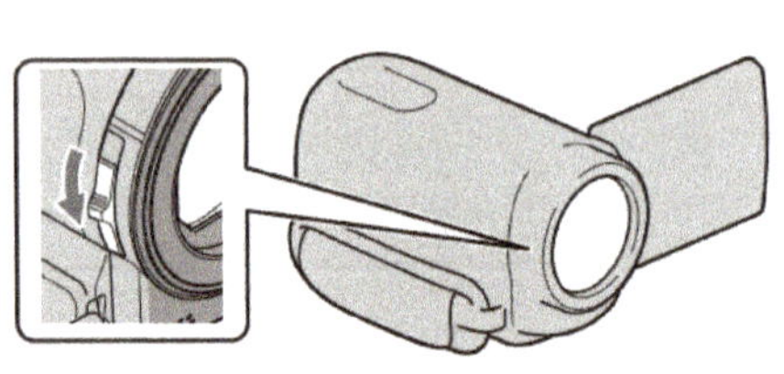

图10-11　打开镜头盖

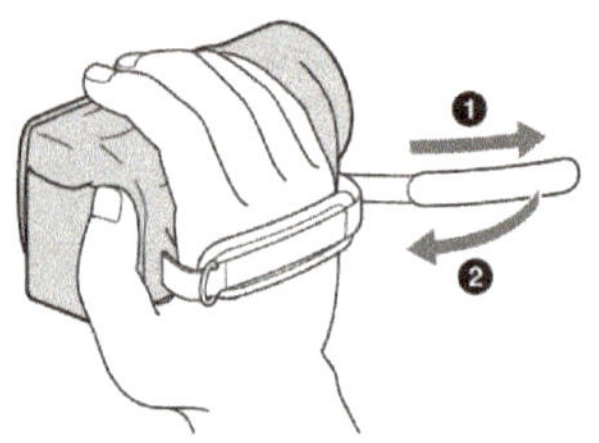

图10-12　收紧腕带

步骤3　打开液晶屏，然后按“POWER”（电源）键打开摄像机，如图10-13所示。

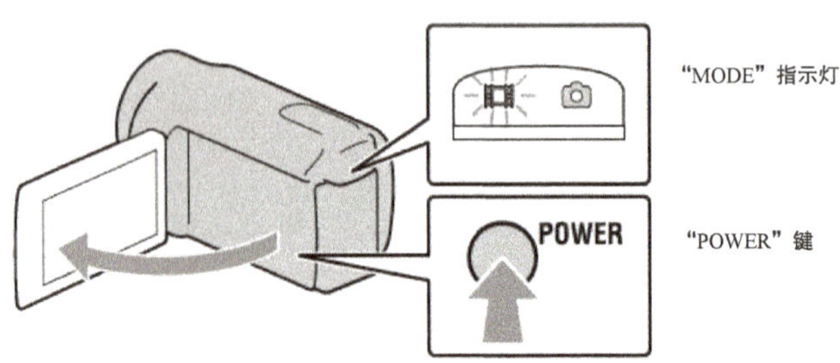

图10-13　打开液晶屏，打开电源

步骤4　按“MODE”键选择“📷”（照片）模式，如图10-14所示。

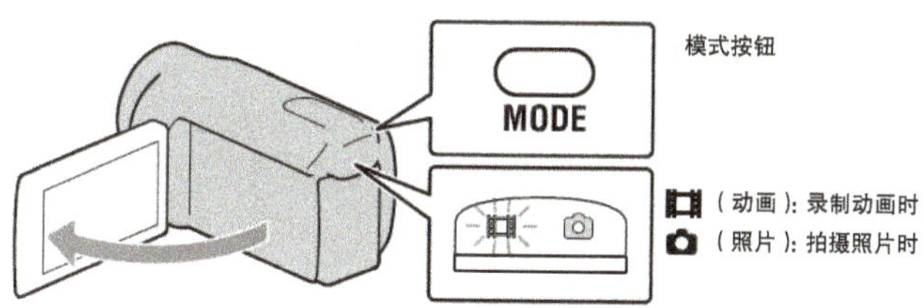

图10-14　选择照片模式

选择照片模式时，“📷”灯会点亮，且画面纵横比变为4∶3。

步骤5　使用电动变焦控制杆进行变焦操作，如图10-15所示。

通过变焦，可将图像最多放大到原始尺寸的25倍，

步骤6　轻按“PHOTO”键调节对焦，然后完全按下，拍摄照片，如图10-16所示。

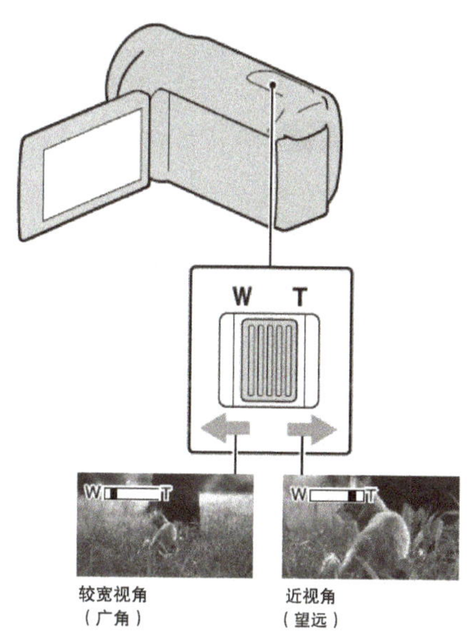

图10-15　拍摄过程中进行变焦

图10-16　拍摄照片

任务情境 2

小伍在钢材交易会上拍摄了很多照片，她想看一下照片的拍摄效果，小伍应该如何操作?

操作步骤

步骤1　打开液晶屏，然后按“POWER”（电源）键打开摄像机，如图10-17所示。

步骤2 按“▶”（观看图像），如图10-18所示。

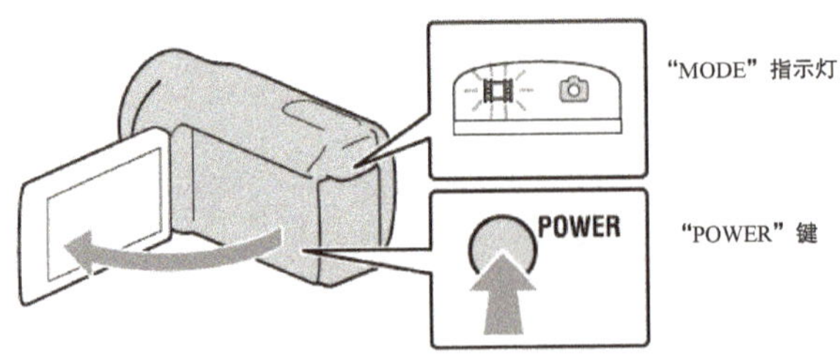

图10-17 打开液晶屏，打开电源

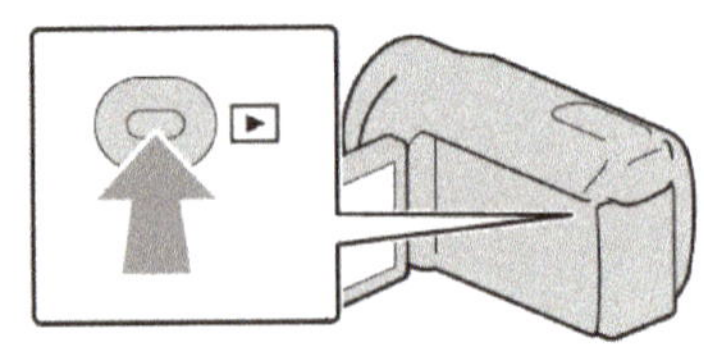

图10-18 观看录制的图像

触碰“”（照片）选择想要的照片，查看照片。

拓展阅读

一、设定照片尺寸

若要更改图像尺寸，触碰“MENU”→显示“其他”→“”（图像尺寸）[在（摄像机照片设定）类别下]→选择想要的设定→“OK”→“✕”。

二、用数码摄像机拍摄照片与用数码相机拍摄照片的区别

虽然数码摄像机可以拍照片，标准清晰画质是HD，但因其像素限制（非专业摄像机的像素一般在800万以下），所拍照片质量相对于数码相机来讲不是很理想（现在，数码相机消费级的像素一般都在1500万以上）。不过这些照片（电子图像文件）仍然是可以拿到数码冲印店洗印成纸质照片的。

另外，摄像机可以使用电动变焦控制杆，但将图像最多放大到原始尺寸的25倍。

巩固训练

小伍的公司要搞一次宣传活动，公司主管让她在活动中用数码摄像机拍摄一些高质量的照片。请根据自己掌握的技能，完成拍摄任务。

职业技能鉴定指导

一、知识技能复习要点

1. 掌握用数码摄像机拍摄照片的方法和技巧。
2. 掌握设置照片尺寸的方法和技巧。

二、模拟训练

（一）填空

1. 拍摄照片时，使用广角时，看到的图像会 ______________。

2. 选择照片模式时，“ ”灯会点亮，且画面纵横比变为 ______________。

（二）选择

1. 使用电动变焦控制杆可将图像最多放大到原始尺寸的（　）倍。

A．15　　B．25　　C．35

2. 当 LCD 出现（　）时，提示无法拍摄照片。

A．　　B．　　C．

3. 标准清晰画质是（　）。

A．STD　　B．HD　　C．VHD

三、技能实训

公司要举行一个活动，需要拍摄照片，但只带了摄像机，没有带数码相机。摄像机是索尼 HDR-XR150E，请用数码摄像机完成拍照任务。

任务评价

任务实施评价表

评价项目	评价关键点	配分	自评分	互评分	教师评分
拍照前准备	打开镜头盖	10			
	把持好摄像机	10			
	打开摄像机电源	10			
拍摄照片	选择拍照模式	20			
	进行变焦	10			
	拍摄照片	20			
存放摄像机	关闭电源	10			
	存放摄像机	10			
总　分		100			

任务三 数码摄像机的保养及常见故障排除

训练目标

1. 能熟练进行数码摄像机的保养。
2. 能熟练排除数码摄像机的常见故障。

任务情境 1

小伍所在的公司经常举行一些活动，所以数码摄像机使用得比较频繁。公司主管让小伍将数码摄像机维护好，保证公司举行活动时，随时可以使用。公司的数码摄像机是索尼HDR-XR150E，小伍应该从哪些方面对数码摄像机进行保养？

保养操作

一、温度

数码摄像机的使用环境温度为 –10 ～ +40 ℃，如需要在 –10 ℃以下使用时，需要给数码摄像机穿上“衣服”。

二、防潮、防湿、防尘、防腐蚀

DV 机身大部分的构造都由精密电子电路及各种处理芯片组成，水和潮气会引起数码摄像机损坏或失效，因此，雨天时建议使用防雨罩。机身外表面板脏了，要用软干布擦拭，或配合使用清水或中性清洗剂擦拭。不可以使用酒精、挥发性汽油等任何有机溶剂，以免使机体外壳塑料老化而失去光泽。

数码摄像机机的镜头会因尘土、砂粒进入而出现故障。如果天气条件不好，最好使用防尘罩。

三、防磁

不要将数码摄像机放在广播发射台、电视台发射天线或其他强磁场附近。在强磁场环境中使用会引起图像失真。

四、防强烈振动

搬运数码摄像机时，应将其放入便携箱内，以减轻搬动或运输途中的振动。平时拍摄完休息时，必须将数码摄像机机放置平稳。使用三脚架时应拧紧各旋钮，不使用时应将数码摄像机从三脚架上取下，以免碰坏和摔坏。

五、防结露

从低温环境进入高温环境时，如进入温暖的溶洞拍摄或进入有空调的房间采访，热空气中的水蒸气会在低温的数码摄像机上凝聚，即结露现象。如果此时拍摄，磁带会粘吸在磁鼓表面，拉伤磁带或造成机器故障。数码摄像机一般遇到结露现象时会自动关机，保护自己。我们应等到机器内部温度升高，水汽蒸发，自动保护解除时才能再次使用。当从寒冷的地方将数码摄像机携带进温暖的房间时，我们可以用密封的塑料罩将其包住，以防数码摄像机内结露。

六、镜头

镜头相当于数码摄像机的眼睛，要经常进行清洁与保养。镜头因为始终暴露在机身外面，容易被灰尘、雨水弄脏，导致镜头的自动光圈及自动对焦不灵活或不动。此时，切勿自行使用润滑油，可以使用吹风机吹去镜头上的灰尘，或者用干净柔软的刷子轻轻刷去灰尘，千万不能用纸使劲擦拭，否则会在镜面上留下无法弥补的伤痕，更不允许用手触摸镜头片表面。如果镜片被油污或指纹印弄脏，可以用镜头清洁纸擦拭干净。

任务情境 2

一天，小伍在使用数码摄像机进行摄像时，数码摄像机突然自动关机了。小伍应该如何处理？

操作步骤

步骤1 分析故障原因。

（1）可能原因 1

数码摄像机自动保护。

（2）可能原因 2

使用的电池不合规格。

（3）可能原因 3

数码摄像机内部元件故障。

步骤2 解决故障。

（1）针对可能原因 1 的处理

数码摄像机的自动关机在许多情况下是机器的一种自动保护。一般在默认情况下，当数码摄像机在没有进行任何操作 5 分钟之后，机器就会自动停机。

（2）针对可能原因 2 的处理

有时，自动关机是由于使用的锂电池质量问题造成的。作为利润很高的数码摄像机配件之一，目前国内市场上已经出现了很多假冒的锂电池产品。劣质、假冒的锂电池，内部的保护回路通常被改装或省略，所以很容易发生电压不稳、短路、漏液等情况。由于电压的不稳定，使用这种锂离子电池时常常会造成数码摄像机的自动关机，解决方法只有更换电池了。

（3）针对可能原因 3 的处理

如果数码摄像机频繁发生自动关机，又排除了以上介绍的几种情况，那么就有可能是机器的内部线路出现了故障。这个时候，不要自行打开机器检查，而应求助于相关的专业维修部门。如果机器尚在保修期内，自行打开机器就可能使得机器的保修权利丧失。

任务情境 3

小伍在给数码摄像机进行充电时，发现无论怎么充都无法充电。小伍应该如何处理？

操作步骤

步骤1　分析故障原因。

电池达到寿命。

步骤2　解决故障。

更换相同规格、相同型号的电池。

拓展阅读

数码摄像机诊断故障的技巧一般有以下几点：

1. 先动脑后动手：对待修机的故障现象，要多观察、多分析、多思考，然后有目的地开机检查，切勿盲目、无把握地乱调试、乱拆卸，以免造成无法弥补的后果。

2. 先静态后动态：所谓“静态”就是指待修机处于不通电的静止状态，也就是必须在切断电源的情况下进行检查。“动态”就是指待修机处于通电后的工作状态。动态检修必须经过静态时的必要检测之后才能进行，绝对不能盲目通电，以免待修机受到进一步的损坏。

3. 先电源后负载：电源系统是整机的能量供给中心，电源供给电能，负载消耗电能、依靠电能工作，负载的绝大多数故障往往是其电源供给不畅通所致。因此，在检寻故障时应首先检查电源电路，确认供电无异常后，再进行各功能电路的检查。

巩固训练

小伍在使用数码摄像机进行摄像时，发现录制的视频不能记录。请根据自己所学的技能，完成故障的处理？

职业技能鉴定指导

一、知识技能复习要点

1. 掌握数码摄像机的保养方法。

2. 掌握数码摄像机常见故障判断及排除的方法和技巧。

二、模拟训练

（一）填空

1. 数码摄像机身外壳主要由 ________ 材料组成，清洁是 ________ 用酒精或其他化学清洁剂清洁，否则会令外壳变色或受损。可以用干净的软布擦拭，清除顽固的污点，可先用湿布擦拭后，再用干布擦干。

2. 寒冷的冬天从室外进入室内机器容易结露，像人戴的眼镜一样。正确的方法是先将摄像机放置在 ________ 中，待机器与室温一致的时候再取出。

（二）选择

1. 用数码摄像机拍摄完后，一定要（　）。

A．用湿巾擦擦镜头　　B．用毛巾擦擦镜头　　C．都不可以

2. 数码摄像机拍摄的适宜温度为（　）。

A．–10 ~ +40 ℃　　B．–30 ~ +30 ℃　　C．–20 ~ +50 ℃

三、技能实训

公司的数码摄像机在拍摄视频时，突然自动关机。公司的数码摄像机是索尼HDR-XR150E，请完成故障的处理。

任务评价

任务实施评价表

评价项目	评价关键点	配分	自评分	互评分	教师评分
数排除码摄像机故障	判断是否误操作	20			
	判断是否受潮	20			
	测试电池有无电量	20			
	进行充电测试	20			
	更换电池	20			
总　分		100			

参考文献

[1] 童建中，童华. 现代办公设备使用与维护 [M]. 2版. 北京：电子工业出版社，2014.

[2] 刘新生. 办公设备使用与维护 [M]. 3版. 北京：中国财政经济出版社，2013.

[3] 杨怡. 常用办公设备使用与维护 [M]. 北京：电子工业出版社，2012.

[4] 王建华. 常用现代办公设备的使用与维护 [M]. 北京：电子工业出版社，2012.

[5] 王佳祥. 办公自动化设备使用与维护 [M]. 北京：人民邮电出版社，2012.

[6] 谭建伟. 常用办公设备的使用与维护 [M]. 北京：高等教育出版社，2009.

[7] 韩雪涛，韩广兴，吴瑛. 传真机/扫描仪常见故障实修演练 [M]. 北京：人民邮电出版社，2011.

[8] 陈玉仑. 打印机维修专业技能培训教程 [M]. 北京：兵器工业出版社，2004.

职业院校“双证书”课题实验教材
文秘专业

教育部中等职业学校专业教学标准

双覆盖、双对照、双结合

人力资源和社会保障部国家职业技能标准

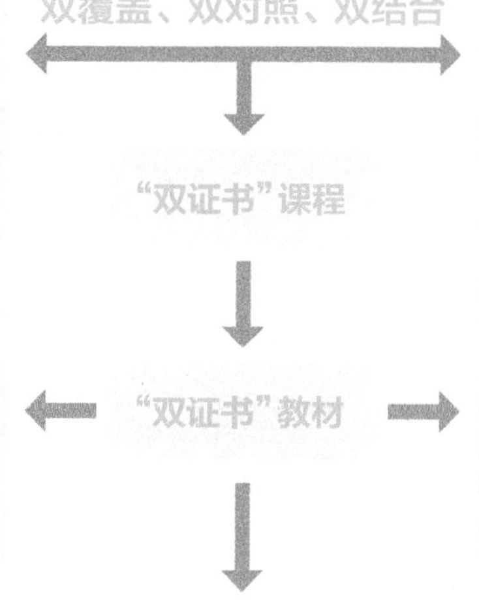

作为教学用书：

“双证书”教材的开发系以专业为单位，教材选题名称和内容均根据教育部颁布的专业教学标准所规定的课程确定。本次组织开发的“双证书”教材，均经教育部“全国职业教育教材审定委员会”审定，被确定为“十二五”职业教育国家规划教材。

作为职业技能鉴定考试用书：

教材内容覆盖了相应国家职业技能标准的要求：对于首选和次选职业资格证书，“双证书”教材内容覆盖了大部分四级和五级职业技能标准的要求；对于备选职业资格证书，“双证书”教材内容覆盖了全部五级职业技能标准的要求。经人力资源和社会保障部职业技能鉴定中心审定，确定为“职业院校‘双证书’课题实验教材”。

学校课程考试考核　→　两考合一　←　职业技能鉴定考试

考务政策请与当地省级职业技能鉴定（指导）中心联系咨询

教材使用说明

教材识别

职业院校“双证书”课题实验教材，均由人力资源和社会保障部职业技能鉴定中心《职业院校“双证书”课题实验教材目录》给予公告，采用专用的标识，并在封底加贴唯一识别编码。需参加职业技能鉴定的学员，请在使用本系列教材前，登录“双证书教材服务平台（http://sz.nvq.net.cn）”，进行信息登记，以便记录学习过程信息和获取学习支持。

配套资源

- **学生资源：**教材另配数字学习资源，学生可在“双证书教材服务平台”上登录后，免费下载相关学习资源。
- **教师资源：**教材配有相应模拟试卷，任课教师经过授权并登录“双证书教材服务平台”，填写有关信息后，可免费下载。也可向试点地区的职业技能鉴定指导机构、有关出版单位索取。
- **题库建设：**各专业的“双证书”课程和综合实训课程的考试试题，可由试点地区职业技能鉴定中心根据本系列教材，组织职业院校教师、行业企业专家共同命题组卷。对于符合国家职业技能鉴定题库技术要求的试题，可推荐收录到国家题库中。

教材体系

文秘专业“双证书”教材体系由《文书拟写与处理》《会议组织与管理》《办公室事务管理》《企业行政管理》《沟通技能训练》《办公设备使用与维护》《办公软件应用》7本教材组成，另配有综合实训教材1本，这8本教材基本上覆盖了秘书国家职业技能标准的基本要求和五级、四级工作要求。

希望各地职业技能鉴定机构、职业院校和我们一同努力，积极探索符合职业院校特点、对接国家职业技能标准、课程考试与职业技能鉴定“两考合一”的职业院校学生评价体系和“教学训考”资源开发使用模式。

有关职业院校“双证书”课题实验教材的具体问题和反馈意见可咨询人力资源和社会保障部职业技能鉴定中心课题组。

联系方式：

人力资源和社会保障部职业技能鉴定中心　许　远　vocscum@qq.com, 010-84661204

外语教学与研究出版社职教分社　王志艳　3300217@qq.com, 010-88819479

外研社“十二五”职业教育国家规划教材（中职）

职业院校“双证书”课题实验教材

序号	书名	主编	书号（ISBN）	定价/元
1	机械制造技术	龚雯，戴文玉	978-7-5135-5809-9	35
2	车削加工技术与技能	田华	978-7-5135-5808-2	37
3	数控车削加工技术与技能	李东君，文娟萍	978-7-5135-5818-1	28
4	数控铣削加工技术与技能	李东君	978-7-5135-5817-4	31
5	汽车构造与拆装(上)	祁翠琴	978-7-5135-5813-6	32
6	汽车构造与拆装（下）	祁翠琴	978-7-5135-5807-5	29
7	汽车拆装实训	詹远武	978-7-5135-5810-5	33
8	汽车电控系统检修	闫炳强	978-7-5135-5815-0	32
9	汽车制造工艺	李东兵	978-7-5135-5812-9	29
10	典型机床电气故障诊断与维修	邱寿昆	978-7-5135-5800-6	28
11	电工技能实训	周皓，周军	978-7-5135-5801-3	24
12	机械拆装技能实训	韩树明，成建群	978-7-5135-5803-7	32
13	电器与PLC控制技术	周占怀	978-7-5135-5804-4	34
14	气动与液压传动	郑勇，王稳	978-7-5135-5764-1	35
15	钳工技能实训	郑爱权，倪红海	978-7-5135-5805-1	35
16	沟通技能训练	廉捷	978-7-5135-5784-9	29
17	办公设备使用与维护	姜绍辉	978-7-5135-5785-6	33
18	办公软件应用	李星华，孟德花	978-7-5135-5786-3	34
19	会议组织与管理	楼红霞	978-7-5135-5790-0	34
20	文书拟写与处理	张琼华	978-7-5135-5788-7	35
21	企业行政管理	林淑贞	978-7-5135-5789-4	28
22	PLC与变频器应用技术	岳丽英	978-7-5135-5802-0	30
23	焊接结构生产	王冠雄	978-7-5135-5806-8	34

非“双证书”教材

序号	书名	主编	书号	定价
1	电子商务物流	周云斌	978-7-5135-6052-8	25
2	电子商务基础	梁海波	978-7-5135-6053-5	34
3	网络营销实务	刘春青	978-7-5135-6054-2	35
4	商品拍摄与图片处理	丛日东	978-7-5135-6055-9	50
5	店铺运营	蓝魏，李平	978-7-5135-6056-6	35
6	网页设计	鱼东彪	978-7-5135-6057-3	26
7	电子商务客户服务	张元生	978-7-5135-6058-0	29
8	网站内容编辑	宋爱华	978-7-5135-6059-7	32
9	财务基础	李博	978-7-5135-6122-8	34